図解入門
How-nual
Visual Guide Book

よくわかる最新
建築設備の基本と仕組み

給排水衛生、ガス、空調、電気……

［第2版］

土井 巖 著

●注意
(1) 本書は著者が独自に調査した結果を出版したものです。
(2) 本書は内容について万全を期して作成いたしましたが、万一、ご不審な点や誤り、記載漏れなどお気付きの点がありましたら、出版元まで書面にてご連絡ください。
(3) 本書の内容に関して運用した結果の影響については、上記(2)項にかかわらず責任を負いかねます。あらかじめご了承ください。
(4) 本書の全部または一部について、出版元から文書による承諾を得ずに複製することは禁じられています。
(5) 本書に記載されているホームページのアドレスなどは、予告なく変更されることがあります。
(6) 商標
本書に記載されている会社名、商品名などは一般に各社の商標または登録商標です。

はじめに

　本書は 2011 年 3 月に初版を発行してから 8 年が経過しました。以来、増刷を繰り返してきましたが、ここでもう一度この本の意義を見直して次なる発展を目指したいと思い、改訂版を発刊することになりました。

　建築設備は、住環境を求める上では非常に重要な要素となっています。快適性を求め、かつ、環境への影響を考慮して進めていかなければなりません。

　今後の変化に対応できる設備や、設備システムの変更が容易に行えるフレキシブルな設備設計が求められます。

　設備機器の対応寿命は、10 年から 15 年程度です。建築よりもサイクルは短いため、その取替や変更を必要としますが、将来、大きく役割が変化した場合の対応も考慮した設計が必要です。

　設備の設計や工事は、図面を書いたり施工することに加え、システムを考えたりコーディネートしたりする業務が増加しています。

　また、省資源、省エネルギーなど、建築設備技術者が社会から求められることは、年を追うごとに増加しています。

　　それらの基準をクリアしたから理想的な建築設備ができたわけではない－大いなるこれからの技術者に期待したいものです。

　維持費が安価で、地球に対する負荷が軽減するコンサルティングができる人が優秀な技術者といわれ、建築主・社会に評価され、仕事も増加するでしょう。

　建築設備は机上だけで勉強するのではなく、広い視野を持ち、常に問題意識を持ち続け仕事をすることが重要です。

　今までのやり方を変革したいなどの観点から、新しい時代への対応のため、変化の先見性が求められています。

　是非、未来に向かう建築設備の取り組みを望みます。

2019 年 2 月　土井　巖

目次

図解入門よくわかる
最新**建築設備**の**基本**と**仕組み**[第2版]

はじめに ………………………………………………………………………… 3

Chapter 1 都市インフラと建築設備

1-1	都市インフラ ………………………………………………	10
1-2	上水道 ………………………………………………………	12
1-3	下水道 ………………………………………………………	14
1-4	都市ガス ……………………………………………………	16
1-5	私たちの生活と建築設備 …………………………………	18
1-6	暮らしと水 …………………………………………………	20
1-7	暮らしと空調 ………………………………………………	22
1-8	暮らしと電気 ………………………………………………	24
1-9	建築設備の種類と分類 ……………………………………	26
1-10	給排水衛生設備とは ………………………………………	28
1-11	空気調和設備とは …………………………………………	30
1-12	電気設備とは ………………………………………………	32
1-13	設備設計の流れ ……………………………………………	34
1-14	現地調査 ……………………………………………………	36
コラム	都市インフラと建築設備 …………………………………	38

Contents

Chapter 2 給排水衛生設備

2-1	給水方式を選ぶ	42
2-2	建物用途から使用水量を決める	44
2-3	設計用給水量を求める	46
2-4	配管設計	49
2-5	湯の温度と給湯量を知る	56
2-6	給湯方式を決める	58
2-7	給湯設備の機器	60
2-8	給湯の配管方式	62
2-9	給湯の安全装置	64
2-10	給湯配管材料の種類	66
2-11	排水の種類と系統分け	68
2-12	トラップ	77
2-13	通気管の目的	82
2-14	排水・通気配管方法	86
2-15	雨水処理と雨水配管	88
2-16	衛生器具の概要	90
2-17	衛生器具のいろいろ	93
2-18	高齢者の設備	100
2-19	し尿浄化槽設備と排水基準	102
2-20	都市ガスと液化石油ガス（LPガス）	106
2-21	ガスの供給方式	108
2-22	ガス機器と給排気	110
2-23	消火設備の種類	112
2-24	消火設備	114
コラム	水の歴史	118

Chapter 3 空調設備

3-1	空調の基礎知識	122
3-2	空気の性質	124
3-3	空調設備の構成	126
3-4	熱負荷計算	128
3-5	熱源機器容量の決定	130
3-6	熱源方式	134
3-7	空調方式	136
3-8	空調機器の設計	138
3-9	パッケージ形空調機	140
3-10	ファンコイルユニット	142
3-11	加湿器	144
3-12	エアフィルタ	146
3-13	ダクトの基本	148
3-14	吹出口と吸込口	151
3-15	ダクトサイズの決定	157
3-16	空調設備の配管	160
3-17	冷温水配管	162
3-18	冷媒配管	164
3-19	ドレン配管	166
3-20	灯油配管	167
3-21	換気の目的	168
3-22	換気量	170
3-23	換気に関する主な法規	172
3-24	必要換気量の求め方	174
3-25	給気口の大きさ	177
3-26	排煙設備	178
コラム	空気	180

Contents

Chapter 4 電気設備

4-1	法令と電気設備	184
4-2	配線の原則と基本	186
4-3	アンペアブレーカーとアンペア契約	192
4-4	電線	196
4-5	照明設備	200
4-6	コンセント設備	206
4-7	スイッチ	210
4-8	動力設備	212
4-9	幹線設備	214
4-10	受変電設備	216
4-11	予備電源設備	218
4-12	自家発電設備	220
4-13	蓄電池設備	221
4-14	監視制御設備	222
4-15	情報・通信設備	224
4-16	電話設備	226
4-17	インターホン設備	227
4-18	テレビ共同受信設備	228
4-19	防犯設備	230
4-20	表示設備、拡声設備、電気時計設備	232
4-21	防災設備	234
4-22	自動火災報知設備	236
4-23	防火関連設備	238
4-24	避雷設備	240
4-25	エレベータ設備	242
4-26	エスカレータ設備	244
コラム	これからの電気設備について	246

巻末資料

給水方式の選定基準 …………………………………………………… 248
給湯方式の選定基準 …………………………………………………… 249
配管の流量表・継手類および弁類の相当長 ………………………… 250
給湯量の算定 …………………………………………………………… 257
消火設備の種類と設置場所 …………………………………………… 258
適用消火設備　令第13条〜18条 …………………………………… 261
熱源設備の選定基準 …………………………………………………… 263
熱源方式の算定 ………………………………………………………… 264
ダクト設備の設計手順 ………………………………………………… 265
吹出口の算定手順 ……………………………………………………… 266
日本工業規格（JIS）による照度基準 ………………………………… 267

索引 ……………………………………………………………………… 269
参考文献 ………………………………………………………………… 276
著者プロフィール ……………………………………………………… 277

都市インフラと建築設備

　私たちの生活は都市インフラのうえに成立しています。

　都市インフラとは、私たちの生活に必要な公共施設のことで、学校、病院、道路、港湾、工業用地、公営住宅、橋梁、鉄道路線、バス路線、上水道、下水道、電気、ガス、電話などを指します。建築設備においては、生活環境基盤である、上・下水道、ごみ・し尿処理施設、電気、ガス、電話・通信などが密接にかかわっています。

　本章では、この都市インフラの種類とその概略を解説します。

都市インフラ

私たちの生活は都市インフラのうえに成立しています

Point
- インフラは国民福祉の向上と国民経済の発展に必要な公共施設です。
- 文化のバロメーターは都市インフラで変わります。
- 私たちの生活基盤は、都市インフラの整備により向上します。

都市インフラ

　都市インフラとは、国民福祉の向上と国民経済の発展に必要な公共施設です。この場合の公共施設とは、学校、病院、道路、港湾、工業用地、公営住宅、橋梁、鉄道路線、バス路線、上水道、下水道、電気、ガス、電話などを指し、社会的経済基盤と社会的生産基盤とを形成する総称です。

　建築設備では、公共事業で整備された生活環境の、上・下水道、ごみ・し尿処理施設、電気、ガス、電話・通信などが含まれます。

都市インフラと私たちの生活

　私たちの生活と都市インフラのかかわりは、実に密接です。

　上水道が整備されていない場合は、井戸を掘り水質検査を行いながら私設水道として対応しなければなりません。水の確保が生存の条件です。下水が完備されていない場合は、合併浄化槽を設置し敷地内処理をします。都市ガスが供給されていない地域はプロパンガスボンベを設置してプロパンガスを使用します。

　ここまでは何とか工夫すれば生活に問題がないかも知れませんが、電気が整備されていないことは大変な問題です。電化製品が使用できないため、生活そのものが難しくなってしまいます。今も、自家発電装置で暮らしている地域がありますが、大変な苦労でしょう。

　私たちが、日常生活の中で接しているさまざまなインフラのおかげで暮らしていることを再認識してください。

　設備設計の第1歩は、都市インフラの確認作業からスタートします。

1-1 都市インフラ

都市インフラ

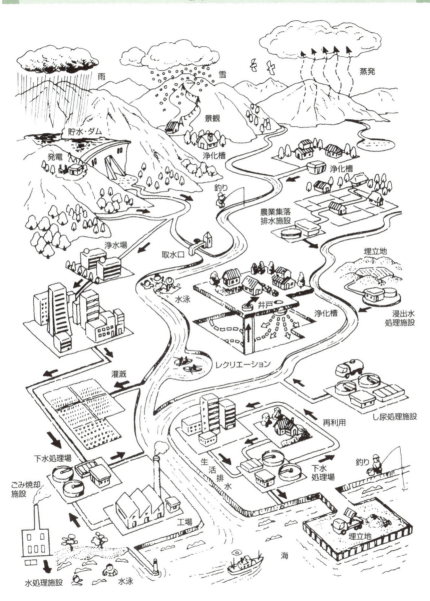

出典：岡田誠之ほか著、『新装改訂　水とごみの環境問題』、TOTO 出版

1-2 上水道

飲料水には基準があります

Point
- 日本の水道普及率は97.9%です(2017年3月現在)。
- 水道水は水道法の基準に守られています。
- 水道水は飲用に適した水のことです。

水道水

　上水道とは、飲用可能な水の公共的な供給設備のことです。一般的に「水道」といえば上水道のことですが、下水道や中水道などと区別を強調する場合には「上水道」と呼ばれます。

　厚生労働省によると、2017年、日本の水道普及率は97.9%に達しています。水道は、河川・湖沼・井戸などから取水し、浄水場で浄化してから、一般に配水します。河川や湖沼の水質が悪化すると、凝集剤や滅菌・消毒を行う薬品の注入が多くなり、水道水の味がまずくなります。

　水道水は、水道事業者が供給する人の飲用に適した水のことで、水質の基準に関しては厚生労働省令で定められています。基準は次のとおりです。

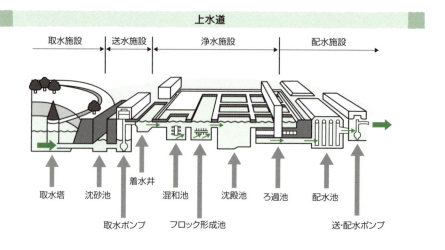

水質基準項目（51項目）

健康に関する項目と、水道水として具備すべき項目から構成されております。銅、鉄など多少は水中に含まれてもよい項目もありますが、多量に含まれると、味・色などが水道水として適当でなくなるものも含まれています。

水質管理目標設定項目（27項目）

現在まで、水道水中では水質基準を設ける必要があるような濃度で検出されてはいませんが、今後、水道水中で検出される可能性のあるものなど、水質管理において留意する必要のある項目です。

要検討項目（44項目）

毒性評価が定まらない、または水道水中での検出実態が明らかでないなど、水質基準や水質管理目標設定項目に分類できなかったもので、今後、必要な情報・知見の収集に努めていくべき項目です。

水道水質基準の体系図

水質基準項目 51項目	● 水道水として、基準値以下であることが求められる項目 ● 水道法により、検査が義務付けられている
水質管理目標 設定項目27項目	● 今後、水道水中で検出される可能性があるなど、水質管理において留意する必要がある項目
再検討項目 44項目	● 毒性評価や水道水中での検出実態が明らかでないなどの理由で、水質基準や水質管理目標設定項目に分類できなかった項目 ● 必要な情報・知見の収集に努めていくべきとされている。

1-3 下水道

排水の系統分けは地域により異なります

Point
- 日本の下水道普及率は78.3%です(2017年3月現在)。
- 公共下水道の有無の確認を。ないならば、し尿浄化槽が必要です。
- 公共下水道があっても、合流式か分流式かの確認が必要です。

下水道とは

下水道は、雨水・汚水を地下水路などで集めた後に公共用水域へ排出するための施設・設備です。上水道と区別するために下水道と呼びます。

下水道は、私たちの暮らしを縁の下で支え、「快適な暮らしを見守る」「浸水から街を守る」など大切な役割を果たしているのです。

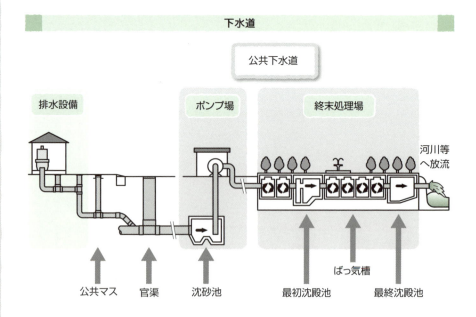

下水道

合流式下水道

建物から出る排水の放流先には公共下水道が、公共下水道が設置されていない地域では河川や海などの公共用水域、およびこれに繋がっている水路があります。

公共下水道は、下水道法に基づいて施設されるものです。生活排水や事業用水（下水道法では、これらをまとめて汚水と呼びます）と雨水とを**一緒に流す合流式と、汚水と雨水を別々の系統で流す分流式**があります。

合流式では、排水も雨水も終末処理場に入るため、処理しようとする下水量の3倍以上の下水量があった場合は、公共用水域へオーバーフローさせます。

分流式下水道

近年、公共用水域の汚濁が問題となり、**汚水は処理場へ、雨水は公共用水域へという分流式下水道**が多くなってきました。

公共下水道のない地域では、排水をし尿浄化槽で処理した後に公共用水域などへ放流します。この場合、水質汚濁防止法の規制を受け放流する水質が自治体の基準で定められています。

排水の系統分け

公共下水道が施設されているかいないか、またその公共下水道の排除方式が合流か分流か、し尿浄化槽が必要か、必要ならば単独処理でよいのか合併処理をしなければならないのかで排水処理の系統を分けることができます。地域によっても異なるため、事前の確認が必ず必要になります。

公共下水道が合流式の場合

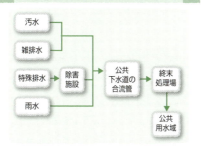

公共下水道が分流式の場合

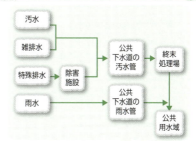

1-4 都市ガス

ガスは、熱源として広く利用されています

> **Point**
> ● あなたの地域は、都市ガス？それともプロパンガス？
> ● 都市ガスの種類を覚えましょう。
> ● 都市ガス、プロパンガスの特性を理解して安全対策を！

ガス

ガスは、古くはガス灯として照明に用いられ、今はライフラインとして建物に引き込まれて給湯・調理、冷暖房、発電、蒸気などの燃料として幅広く使用されています。

都市ガスとプロパンガス

ガスは、一般に調理や給湯の熱源として使用します。都市ガスが敷設されている場合には都市ガスを使用し、都市ガスが利用できない場合にはプロパンガスを使用します。

日本の都市ガスの普及は、利用者件数 30,246 千件です（2017 年 3 月現在）。

都市ガスは、ガス事業法に基づいて、ガス事業者から供給されています。ガスは、ガス事業者によってその成分が異なるため、燃焼に必要な空気量も異なります。そのため、引っ越し先で、持っていったガス器具が使用できないといったような事態も生じます。

都市ガスの種類

都市ガスの種類は、13A などのように、数字とアルファベットの組み合わせで決められています。

数字は燃焼の発熱量を表し、大きい方が発熱量の高いガスです。アルファベットはガスの燃焼速度を示すもので、A、B、C の 3 種類に分類され、それぞれ、遅い・中程度・速いを示しています。ガス器具には使用できるガスの種類が表示されていますので確認してください。

ガスの特徴

　一般に、**都市ガスは空気よりも軽いので、漏れると上方に流れます。プロパンガスは空気よりも5割位比重が大きいので、漏れると下のほうに溜まります。**ガス漏れ警報器を設置する場合に注意が必要です。

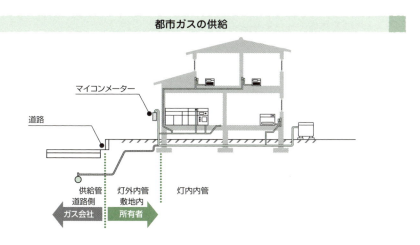

都市ガスの供給

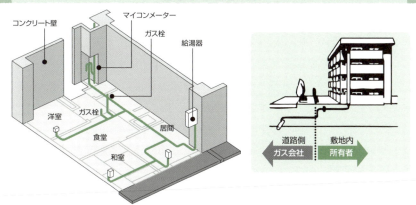

住宅内ガス配管の例

1-5 私たちの生活と建築設備

快適な生活が成り立つのは設備のおかげです

Point
- 高度の居住性を求めるならば、建築設備に頼ろう。
- 建築設備は、地球環境保全にも大きな役割を担っています。
- 建築設備は日進月歩で進化しています。

建築設備とは

　私たちは日常生活の中で、食べる、飲む、洗う、炊事、排泄、娯楽、暖をとる……といった行為を繰り返しています。そこでは水・空気・電気・ガスなどがそれぞれの目的に応じて働いており、私たちの生活を支えています。**高度の居住性や特定の機能を充足するためには、建築設備に頼らなければなりません。**

　建築設備とは、その建物の使用目的や特性に合った室内環境を作るために、電気、ガス、灯油などのエネルギーおよび空気、水などの物質を供給し、変換・調節・処理を行う設備のことです。

設備の種類

　建物の構成要素は、「意匠（デザイン）」「構造」「設備」に大別されます。意匠は、間取りや大きさ、配置および建物全体の構成・方針を受け持つ役割です。構造は、意匠の方針にしたがい、バランスのとれた骨組みを決定する役割です。設備は、建物機能の方針を決定する役割を果たす部分です。

　設備には大別して、室内の空気環境を快適にする**空気調和設備**、安全で衛生的な水を供給し、使用された排水を確実に排除する**給排水衛生設備**、電気により、生活の場を快適に、便利に、迅速に、安全に行動できるようにする**電気設備**があります。

　普段は、建物の裏側などに隠れがちで、あまり意識されることが少ない建築設備ですが、省資源・省エネルギー化を通じて、地球環境保全にも大きな役割を担っています。

1-5 私たちの生活と建築設備

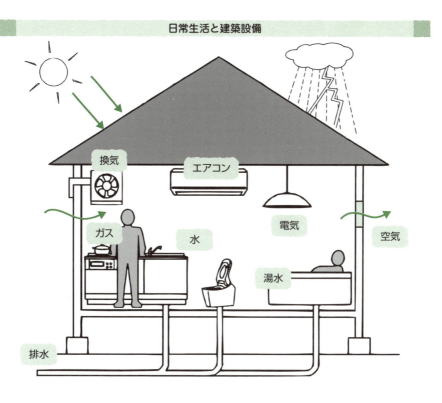

1-6 暮らしと水

生命を維持するために必要な水と設備の関係

> **Point**
> ●水は健康的な生活の基本です。
> ●生活行動に密接な関係をもつのが「水」です。
> ●水の5つの機能を理解しましょう。

水の機能とは

人の生活には水はかかせません。水は健康的な生活の基本です。水の機能を理解し、水の利用の目的と目的別の必要条件を知ってください。

水の目的とその必須条件

水の機能	機能の概説
生命維持機能	生物が生存するためには、水がなくてはなりません。必要な質と量の水が得られれば、生命を維持することが可能です。
衛生保持機能	人体、生活・都市環境を清潔に保持するために使われる水です。主に水の溶解性と流動性を利用しています。ただし、衛生保持のために用いる水が汚染されると、水系伝染病等の発生が起こります。
搬送機能	水の浮力と流動性によって、物質は移動しやすくなります。また水は高いところから低いところへと流れますので搬送力として機能します。
気候・温度調節機能	水は、気体・液体・固体の三形態をとる特性があります。その形態変化による潜熱と熱容量の大きさによって気候をも左右します。行水、シャワー、打ち水や屋根散水は、温度調節の効果を狙ったものです。空調設備や産業用にも、冷却水として必要です。
心理的効果	公園の噴水、水辺の語らい、宗教と水、船遊びなどに水の心理的効果を見ることができます。また、入浴やシャワーは、衛生保持だけでなく気分を爽快にするという心理的効果も期待されます。

生活行動と水の機能

▼水の働きがなければ、生活は成り立ちません。

生活行動	水の用途	水の機能
飲食する	飲用 料理用	生命維持機能
体を洗う	洗面用 入浴用	衛生保持機能
清潔を保つ	清掃用 洗濯用	
排泄する	洗浄用	衛生保持機能・搬送機能
ものを運ぶ	搬送用	搬送機能
採暖する 冷却する	暖冷房用 入浴用 散水用	気候・温度調節機能
心の安定 楽しむ 疲れをとる	精神用 修景用 娯楽用 入浴用	心理的効果

1-6 暮らしと水

1章 都市インフラと建築設備

1-7 暮らしと空調

暮らしと空気調和設備の関係

> **Point**
> ●空気調和とは、単に温度の調整ではありません。「温度」「湿度」「静浄度」「気流」を総合的に調節することです。
> ●快適な生活環境は空調設備からはじまります。

空気調和設備とは

空気調和設備は、冷暖房のような温度の調整のほかに、湿度の調整や空気の浄化が含まれます。

温度調節機能しか付いていないエアコンなどは、単に「冷房機」「暖房機」「冷暖房器」といい、「空調機」とは呼びません。

暑さ寒さは「温度」で表示しますが、人の冷温感は「温度」のほかに「湿度」や体に当たる「気流の速度」それに「放射熱」などの物理的条件と人体の「活動状態」と「着衣の状態」という条件に左右されます。

人が感じる快適さは、これらの6要素のうちの1つの要素だけで決まるものではありません。暑がり・寒がりといった個人的な差もあります。

快適さを左右する要素

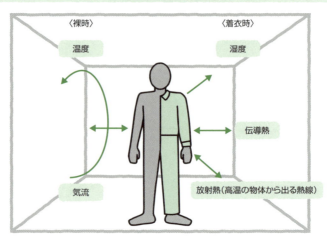

快適さを仮定する

人が感じる快適さは1つだけでなく、6つの要素の組み合わせで考えられます。その上で、いくつかの要素を仮定することにより、快適さの範囲を決定していきます。

夏になるとTVや新聞などの天気予報で「不快指数」という言葉を耳にする機会が多くなります。「今日は蒸し暑いですね」とか「昨日は暑かったけれどカラッとしてましたね」という会話は、相対湿度が高いか低いかということですが、**相対湿度が高い場合に不快感が強くなることから、温度と相対湿度の双方から不快を感じる状態を数式を用いて実験的に求めたものが不快指数です**。不快指数と不快の程度を表に示します。

不快指数

不快指数	不快の程度
85以上	全員が不快に感じる
80〜85	ほとんどの人が不快に感じる（暑くて汗が出る）
75〜80	半数以上の人が不快に感じる（やや暑い）
70〜75	不快を感じ始める

不快指数（DI）＝（乾球温度＋湿球温度）× 0.72 ＋ 40.6

温度と相対湿度の双方から不快を感じる状態を数式を用いて実験的に求めたものが、「不快指数」です。

1-8 暮らしと電気

人類は紀元前から電気と共に発展してきました

> **Point**
> ●生活の中で働く電気の重要さを理解しましょう。
> ●1882年に世界最初の電気事業が開始されています。
> ●便利で文化的な生活は電気設備のおかげです。

電気設備とは

電気は、私たちの生活になくてはならない存在です。

電気設備とは、電気技術、理論、原理、原論などを利用して電気エネルギーを光、熱、信号や音などのエネルギーに変換し、暮らしの生活に役立たせる設備で、**エネルギーを変換するための装置、機器、ならびにこれらに電気エネルギーを供給しコントロールするための配線などから構成された総合的なシステム**です。

電気と人類

自然界に磁気や静電気の現象が存在することは、紀元前から人間は感知していました。1600年、イギリスの医師ギルバートが、琥珀やガラスなどをこすると物を引き寄せる性質を、エレクトリカと名付けました。その後、1729年、米国のフランクリンが雷が電気であることを証明し、1800年にはイタリアのボルタが電池を発明しています。19世紀には、アンペアの法則、オームの法則、ファラデーの法則等が発見されました。

1832年フランスのピクシーにより最初の発電機が作られ、1879年米国のエジソンが白熱電球、ソケット、ヒューズ、直流発電機などを発明しました。1882年、ニューヨークに火力発電所が建設され世界最初の電気事業を行いました。

20世紀になると、無線通信や無線電話が行われ、ラジオ放送やテレビ放送が開始されました。1945年には米国で電子計算機が、1951年米国で原子力発電が行われるようになりました。日本でも1966年に東海村に初めての原子力発電所が誕生しました。

電気設備の普及と生活の進化

▼電気設備の発展とともに、私たちの生活はより便利に快適になってきています。

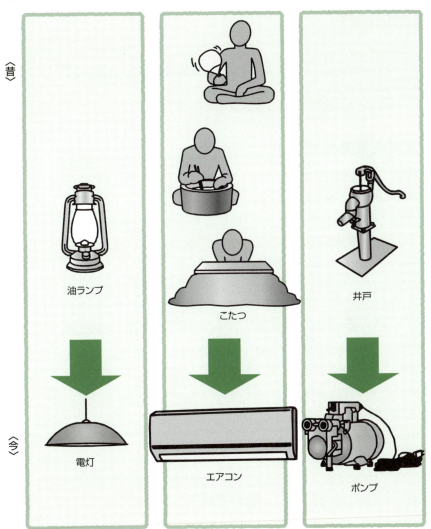

〈昔〉 油ランプ / こたつ / 井戸

〈今〉 電灯 / エアコン / ポンプ

1-9 建築設備の種類と分類

建築設備の概略を理解しましょう

> **Point**
> ●建築設備は、「給排水衛生設備」「空気調和設備」「電気設備」の3つに大別できます。
> ●設備の分類は時代とともに変化するものです。

建築設備の分類

一口に「建築設備の種類」といっても、分類法も多種あります。ここでは設備工事種目別にその構成を示します。

建築物に求められる諸機能を充足し、そこに居住する人たちの健康を守り、安全性、作業能率、快適性を高めるための建築設備には大きく3部門に分かれます。**給排水衛生設備、空気調和設備と電気設備**です。

給排水衛生設備は、給水設備、給湯設備、排水通気設備、消火設備、ガス設備、し尿浄化槽設備と特殊設備（厨房設備、洗濯設備など）に細分類されます。

空気調和設備は、空気調和設備、風道（ダクト）設備、配管設備、換気設備、排煙設備、自動制御設備などに細分類されます。

さらに、空気調和設備は、熱源機器および付属機器、冷凍機設備、空気調和機設備と分かれます。配管設備も冷却水、冷水、温水、蒸気、冷温水、冷媒配管など使用目的別に分かれます。

電気設備は、受変電設備（予備電源含む）、照明設備、動力設備、幹線設備、監視制御設備、弱電設備（TV、電話、インターホンなど）、防災設備（自動火災報知設備、防排煙設備、ガス漏れ火災警報設備、非常警報、非常用照明設備、誘導灯など）、構内配線設備、避雷設備などに細分類されます。

時代とともに、この分類は細分化されたり、新しく追加される場合もあります。今話題の太陽光発電設備は一応は電気設備に入っていますが、機器の発展過程においては、どの分野に所属するのか分からない状況です。

1-9 建築設備の種類と分類

設備工事種目別分類

▼建築設備には大きく3部門に分かれます。

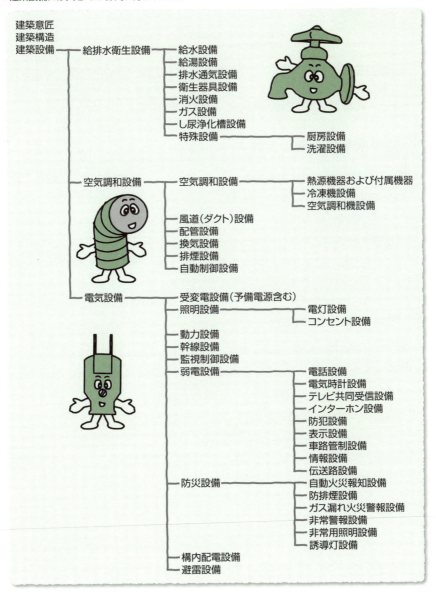

- 建築意匠
- 建築構造
- 建築設備
  - 給排水衛生設備
    - 給水設備
    - 給湯設備
    - 排水通気設備
    - 衛生器具設備
    - 消火設備
    - ガス設備
    - し尿浄化槽設備
    - 特殊設備
      - 厨房設備
      - 洗濯設備
  - 空気調和設備
    - 空気調和設備
      - 熱源機器および付属機器
      - 冷凍機設備
      - 空気調和機設備
    - 風道（ダクト）設備
    - 配管設備
    - 換気設備
    - 排煙設備
    - 自動制御設備
  - 電気設備
    - 受変電設備（予備電源含む）
    - 照明設備
      - 電灯設備
      - コンセント設備
    - 動力設備
    - 幹線設備
    - 監視制御設備
    - 弱電設備
      - 電話設備
      - 電気時計設備
      - テレビ共同受信設備
      - インターホン設備
      - 防犯設備
      - 表示設備
      - 車路管制設備
      - 情報設備
      - 伝送路設備
    - 防災設備
      - 自動火災報知設備
      - 防排煙設備
      - ガス漏れ火災警報設備
      - 非常警報設備
      - 非常用照明設備
      - 誘導灯設備
    - 構内配電設備
    - 避雷設備

1章 都市インフラと建築設備

1-10 給排水衛生設備とは
給排水衛生設備の定義

> **Point**
> ●衛生設備は人間で例えると、口から排泄までの一連の消化器官のようなものです。
> ●衛生設備は、自然環境の保全という課題と共にあります。

給排水衛生設備の定義

SHASE-S 206「給排水衛生設備基準・同解説」では、**給排水衛生設備を「建物内における給水と排水にかかわる管、継手、器具などの総体」**と定義しており、新設、増設、変更、修理、撤去などの工事および維持管理などを含むものとしています。

給排水衛生設備は、給水、給湯、排水、通気、衛生器具などの総称とされていますが、**現在では、ごみ処理、排水再利用、浄化槽、ガスなども含む**ものとされています。

給排水衛生設備とは

人は、生命の維持、入浴、洗浄、運搬、灌漑、希釈、消火、冷却、給湯、生産、池、流れ、噴水などに使用し、生活を便利に、快適に、安全にするためや生産性を向上させるために使用しています。

水を衛生的に便利に使用するためには、水が配管で供給され、使用した排水は配管で排除されることが必要になってきます。

このための施設が、上水道・下水道および給排水衛生設備です。衛生的で安全・安心な水の供給と同時に河川や海を汚さないための工夫も必要です。

「衛生」とは

「衛生」という用語は、疾病の予防という本来の意味からやや異なると好まれない時期がありましたが、「生命を衛（まも）る」、あるいは「衛生的環境を実現する」ということを目的とする本設備の本来を考慮すれば、「給排水衛生設備」という用語が最適でしょう。

1-10 給排水衛生設備とは

給排水衛生設備のイメージ

▼給排水衛生設備は、建物内で、人間の消化器官のような働きをしています。

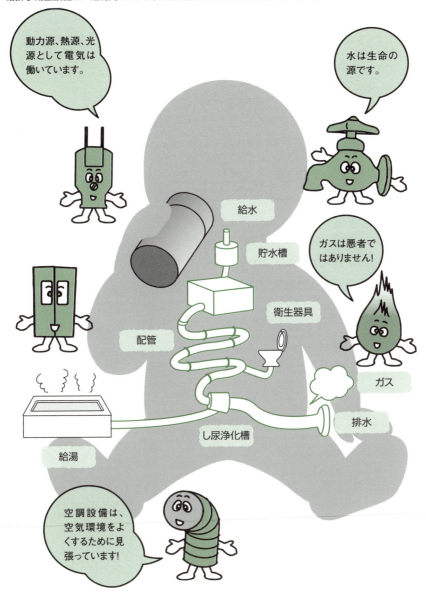

1-11 空気調和設備とは
空気調和設備の定義

Point
- 空調の4要素は、温度、湿度、流速、清浄度です。
- 人用の空調は「保健用空調」です。
- 工業製品用は「工業用空調」です。

空気調和の定義

空気調和（air conditioning）とは略して空調ともいわれますが、「室内あるいは特定の場所の空気を、その使用目的に応じて最も適当な状態に調整すること」と定義されます。

「最も適当な状態に調整する」の内容を詳細に述べるならば、**空気の温度・湿度・気流の流速および清浄度の4要素の調整**ということです。

空調機器から発生する振動・騒音の防止、あるいは機器運転のための自動制御装置の計装、コンピュータの利用など、技術的・学問的に解決すべき課題も多い分野です。

空気調和設備が調整する要素

保健用空調と工業用空調

　空調の種類をその目的の対象によって分けると、保健用空調と工業用空調の2つに大別されます。

　保健用空調は、快適空調とも呼ばれ人を対象とした空調のことです。人体の健康、衛生の保持や労働環境、勤労意欲の向上を目的とし、住居、事務所、各種店舗、娯楽場、病院、交通機関などで利用されています。空調時の標準空気状態は、夏期（26℃、関係湿度50%）、冬期（20℃、50%）気流は0.125〜0.25m/secが標準とされています。

　工業用空調とは、工業製品の生産過程・格納時を対象とした空調のことです。工業製品の品質向上や保管時の品質劣化防止のためには、空気の温湿度の調整保持は絶対必要です。産業界の発展には空調は不可欠な要素として重要度を増していきます。

保健用空調と工業用空調

■保健用空調（空気環境にかかわる維持管理基準）

項目	維持管理基準
浮遊粉塵量	1m³につき0.15mg以下（0.08ppm）
一酸化炭素	10ppm以下
二酸化炭素	1000ppm以下
温度	17℃以上28℃以下
相対湿度	40%以上70%以下
気流	0.5m／sec以下
ホルムアルデヒドの量	1m³につき0.1mg以下（0.08ppm）

■工業用空調（工程別温湿度条件）

業界	工程	温度条件	湿度条件
半導体	フォトリングラフィ	22〜24℃　±0.2℃以下	45〜50%　±2〜5%
	ドライエッチング	22〜24℃　±2℃以下	45〜50%　±5%以下
	スパッタリング	22〜24℃　±2℃以下	45〜50%　±5%以下
医療品	粉薬貯蔵	24℃　±3℃以下	30〜50%
	打錠	24℃　±2℃以下	20〜40%
	マクロ分析・血清	24℃　±2℃以下	50%
光学レンズ	研磨	25℃　±2℃以下	50%　±5%
印刷	印刷	24〜27℃　±5℃以下	50%　±2%
	裁断、乾燥、のり付けなど	21〜27℃	45〜50%
食品	生パン	24〜26.5℃	40〜50%
	原料貯蔵	26.5〜29.5℃	80〜85%

※上記の数値は、一般的な目安です。

1-12 電気設備とは

電気設備の定義

> **Point**
> - 電力会社から供給される電気を、建物に取り入れ安全に使用できるしくみがあります。
> - 便利で文化的な住生活には、情報通信系の電気設備が必要です。

建築電気設備

　電気設備とは、建物における負荷設備、供給網、供給源等の施設ならびに情報、防災設備など電気エネルギーにより稼動し、また応用・利用される装置すべての機器のことを指します。

　電気設備は、敷設場所により**建築電気設備、工場電気設備、公共施設電気設備の3種類**に分類されます。

● 建築電気設備
建物関係の電気設備です。

● 工場電気設備
工場における生産設備のための電気設備です。

● 公共施設電気設備
道路、トンネル、港湾、公園、屋外施設などの公共施設のための電気設備です。それらには、制御設備や計装設備なども含まれます。

送電設備

　発電所から需要個所近くに設置する1次・2次変電所まで電力を送ります（1次送電線、2次送電線）。そこから配電用変電所へ送電され（3次送電線）、ここから6.6KVで配電線が出ています。電柱に設置されているトランスにより、100V/200V（低圧）で各家庭に配電されます。

1-12 電気設備とは

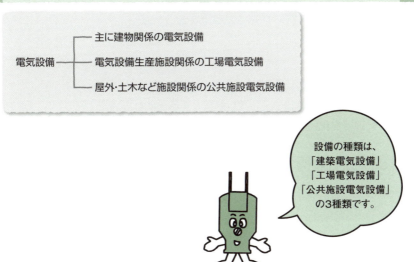

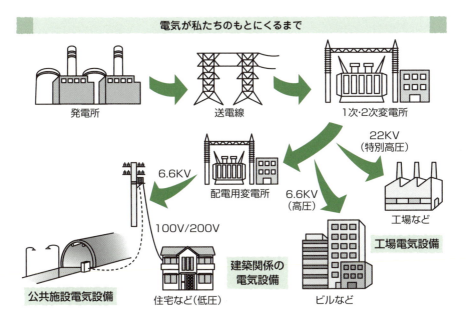

1-13 設備設計の流れ

設備設計の流れを理解しましょう

> **Point**
> ●設備設計は、建物の企画・基本計画段階からスタートします。
> ●設備設計は、建物の良し悪しを左右する重要な要素です。
> ●設備は、建物と一心同体であると考えましょう。

設備設計の概略

設備設計は、建築意匠設計と密接にかかわりながら進められます。

建物の企画・基本計画の段階から設備設計は参画します。設備設計の早期参画でクライアントの要求機能に対応しなければならないからです。遅すぎると、後々の設計計画段階で、収まりや機器容量および設備方式の決定に影響が出てきます。**設備のよしあしで建築物の評価は変わります。**

いくらデザインが優れていても、設備が充実していないと建物そのものの機能が発揮できません。設備も建築と一心同体だからという基本を忘れないようにしましょう。

設備設計の流れ

以下に設備設計の流れの概略を示します。設計においては、クライアントの主旨の把握も重要項目となります。よって、**各段階ごとに建築意匠や構造設計との整合性を確認**しながら進めなければなりません。

- **企画段階**
  ・与条件の確認と調査
  ・与条件の整理と計画方針の設定

- **基本計画**
  ・全体コンセプトと設備コンセプトの調整

- 設計条件の整理
- クライアントとの打ち合わせ
- 役所との打ち合わせ
- 工事費の目標設定
- 設計スケジュールの調整

● **基本設計**
- クライアントの条件の詳細確認
- 現地の詳細調査
- 役所との打ち合わせ
- 建築プランとの調整
- 設備システムの検討

● **実施設計**
- クライアントの条件の最終確認
- 法令、役所関連等、最終確認
- 詳細計算
- 機器、材料、メーカー選定
- コスト調整
- 建築、構造との最終調整

設備設計の各段階のチェック項目

建築意匠ラフ図面 → 整合性はOKですか？ ⇄ 設備ラフ図面 → 建築意匠基本設計 → 整合性はOKですか？ ⇄ 設備基本設計 → 建築意匠実施設計 → 整合性はOKですか？ ⇄ 設備実施設計 → 設計図書の完成

1-14 現地調査

現地調査は設備設計に必須のプロセスです

> **Point**
> ● 現地は必ず行って、都市インフラ設備の状況を確認します。
> ● 現地確認後、所轄官公庁との協議をし、現地調査書を作成します。
> ● 雨水流出抑制は、必ず役所に確認しましょう。

官公庁との事前協議

　設備設計のためには、**都市インフラの調査および、所轄官公庁との協議が必要**となります。そのために必要な作業が現地調査です。建物を計画する際に、最初に必要な事柄です。

　現地調査をするためには、調査の事前に、計画している建物概要をまとめる必要があります。概要をまとめた上で、次の官公庁を協議します。

現地調査書の作成

　日時、協議先名称と担当者名および連絡は各シート共共通です。

敷地調査
・都市インフラの有無と供給状況調査
・敷地の内外および道路の高低差
・隣接建物の建設状況（特に窓などの開口部に注意が必要）

前面道路の状況確認
・歩道、側溝、ガードレール、交通標識、街灯、消火栓の有無と位置、下水マンホール、電柱、電話柱、支線位置の確認など

関係諸官庁との調査および協議
・水道本管の位置と口径（詳細は次ページ参照）
・水道メーターの位置確認
・排水方式（分流・合流）、敷地内最終ます位置・深さ
・雨水処理方式等
・都市ガスの有無

・電気・電話引込方式と引込柱の位置・電柱番号の確認
・消防署で、設置必要な消防設備等

現地調査でチェックする項目

水道局	❶上水道本管の位置と口径・埋設深度・既存給水引込管の有無（有の場合、位置と口径）。　※上水道台帳で確認する。
	❷予定している必要引込管口径の可・不可（既存引込管の有の場合は再利用の可・不可）。
	❸建物の用途および規模を申告し、給水方式の可・不可、上水本管の設計水圧も忘れずに担当者に確認する。
	❹量水器の設置予定場所の確認（特に直結給水方式の場合）。
	❺水道負担金・加入金の有無（有の場合は、金額も尋ねること）。
	❻事前協議の有無。
下水道局	❶下水道本管の位置と口径・埋設深度・既存公設桝の位置、深さ・取付管の口径。　※下水道台帳で確認する。
	❷汚水・雨水の合流地域か分流地域か（分流方式の場合は雨水の放流先を確認）。
	❸下水道負担金・加入金の有無（有の場合は、金額も尋ねること）。
	❹事前協議の有無。
	❺雨水の流出抑制施設設置の有無（役所に確認し、有の場合、必要提出書類の確認）。
ガス会社（都市ガス）	❶ガス本管の位置と口径・埋設深度・既存ガス引込管の有無（有の場合、位置と口径）。　※ガス供給事業者で確認。
	❷使用するガス機器と台数を申告し、引込管口径の確認（新設引込の場合）。
	❸ガス本管からの新設引き込みが不可の場合、ガス会社負担で本管延長工事が可能か、供給本管の延長協議を申告する。
	❹都市ガス引き込みが不可の場合は、プロパンガスで計画を行う。
電力会社	❶建物全体の使用電力容量を決定のうえ、所轄の電力会社に予約連絡し、事前協議の有無を確認する（架空引込と地中引込）。
	❷高圧電力供給の場合変圧器スペースが必要となるため、設置予定場所と必要スペースを協議する。
電話会社	❶建物の必要回線数を決定のうえ所轄の電話会社に連絡し、事前協議の有無の確認をする。
	❷光ケーブル引き込みの可・不可などの確認。

Column

都市インフラと建築設備

　生活の基本となる衣食住の中で、衣は身体の防御であり意思の表現でもあります。食は命の糧であり住は平安を得る場所です。住は「外界の自然」と「外敵」から身を守るものとして、古来から発明や発見、工夫を凝らしてきました。

　朝起きて、歯を磨き、洗顔して食事をとり、用を足す。交通機関を利用して出勤する。職場で働く中で、空調、照明、電話やFAX、パソコンなどを使います。昼食やおやつを食べ、お茶を飲み、トイレにも行くでしょう。帰宅すれば、テレビをつけ、夕食を家族団らんでとり、入浴し就寝する。私たちは、一日の行為を、いつも当たり前のように何気なく繰り返していますが、その行動の中に「水」、「空気」、「ガス」、「電気」などが、それぞれの目的に応じて働いているのです。

　それらを供給してくれる都市インフラが整備されていなかったら一体どうなるのか、想像し難いでしょう。

　交通も整備されていない徒歩での出勤。水道も電気もないといった状態は、今では考えられません。しかし、50年程前の日本では、地方に行くには必ず泊まりがけ、停電や断水はよくあることでした。

　日本の都市インフラの整備はほぼ達成しています。インフラを利用する際に、高度な技術で快適な「住生活」を支えているのが「建築設備」です。

　建物はすべて建築士が設計していて、完成までの一切を行っていると勘違いをしている人もいるようです。「建築設備とは何のこと？」思っている人がたくさんいるのです。建築設備科を導入する学校も皆無に等しく、あまり浸透していないのが現状です。

　しかし、建築設備が取り扱う問題は多種多様です。生活をより便利にすることから、果てはグローバルな地球環境まで、すべてが設備と密接に関係しており、長年この道で頑張ってきた私自身も驚きの連続です。

　目下の課題は、省エネルギーで地球を救うというエネルギー問題です。安心・安全・安定をモットーに、日本だけでなく世界にその技術力を発信していかなければならないと痛感しています。読者の皆さんも、これからの建築設備の行方を誤ることなく日進月歩で一緒に歩んでいきましょう。

給排水衛生設備

　　給排水衛生設備は、人間の体に例えると内臓や血管の働きをしているシステムであるとよく言われます。

　　日常生活を快適に過ごすために、必要な水の量をどうやって決めるのか、都市インフラである上水道から、建物の中にどのようにして水を引くのか、お湯が必要なときはどうするのか、使い終わった水はどのように建物外に排出するのか……。建物またはその敷地における、給水・給湯・排水・通気および衛生機器等に関するシステムが給排水設備なのです。

給排水衛生設備設計の流れ

▼本章で解説する給排水衛生設備の設計プロセスです。全体のフローをまず確認しましょう。

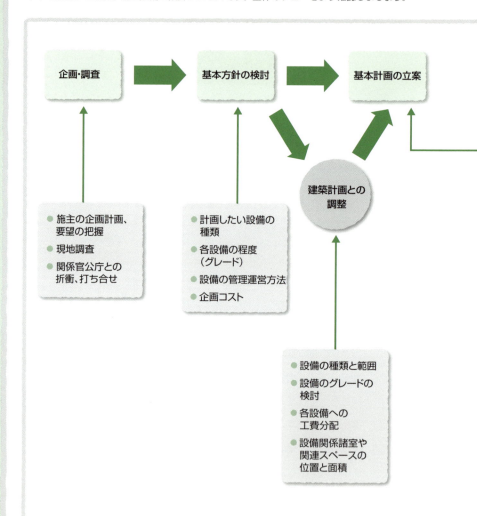

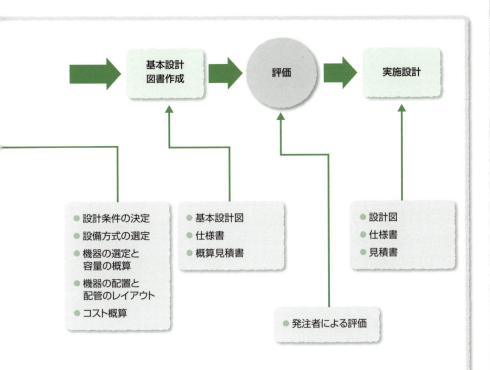

2-1 給水方式を選ぶ
給水方式の種類

Point
- 方式の決定要因は、建物用途、規模、階数、水道局の指導です。
- 管理条件(清掃、検針、管理人など)も考慮しましょう。
- 直結増圧方式には適さない建物用途があります。

給水設備

給水設備とは、私たちの生活に必要な水を供給するための設備です。**給水方法は、建物用途・規模・階数と水道局の指導によって決定**します。

水道直結方式

水道本管の圧力を利用して給水する方法です。戸建住宅など、2階建て程度の小規模な建物に多く利用されています。水道直結方式は、給水設備全体が水道管に繋がっているため、水道法の適用を受けます。使用する配管材料や水栓などの器具は、水道事業者が認定したものでなければ使用できません。最近、3階建て程度の建物でも、水道本管の圧力が高い場合(調査が必要)は、この方式を認めておりますので協議をしてください。

水道直結増圧方式

一般に3階建て以上の中規模建物では、**水道直結式に増圧ポンプを組み合わせた水道直結増圧方式**を用います。受水槽の衛生問題等の観点から、直結給水にしたいという要望が増えています。この方式は地域や建物規模に制限がありますので、所轄の水道局との協議・確認が必要となります。

受水槽方式

建物の高さが高くなると、水道管の圧力では高いところに給水することができません。そのため、水道水をいったん受水槽に受け入れ、ポンプにて必要個所へ供給する必要があります。これが受水槽方式です。**受水槽方式には、高置水槽方式、**

2-1 給水方式を選ぶ

圧力水槽方式、ポンプ直送方式の 3 種類があります。

● 高置水槽方式

受水槽からポンプで屋上に設けた高置水槽に揚水し、そこから自然重力によって必要な個所に給水する方式です。

● 圧力水槽方式

屋上に設置できない場合などに採用される方式です。受水槽からポンプで水を送り、圧力水槽内の空気を圧縮し、圧力が高くなったらポンプを停止し、水が使用されて圧力水槽内の圧力が下がったら再びポンプを稼動する方式です。

● ポンプ直送方式

受水槽からポンプで直接水栓などの器具に給水する方式です。水の使用量に追従してポンプからの送水量を変化させるもので、制御の方式はポンプの回転は一定にしておき、水の需要が増加するとポンプを 2 台、3 台と運転していく台数制御である定速式と、水の需要に応じてポンプの回転数を変化させる変速式とに大別されます。さらにインバータ方式や定速式と変速式の組み合わせなどがあります。

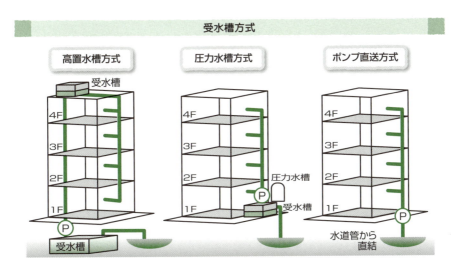

受水槽方式

2-2 建物用途から使用水量を決める

使用水量を決定する手順

> **Point**
> ●使用水量は、利用人員や季節によって異なります。
> ●利用人員よりの算出法は、給水設備の主要機器の算出に使用されます。
> ●使用する器具数からの算出法は、給水管などの設計に使用します。

使用水量の算出

　給水方法が決定したら、次に使用水量を算出します。そのためには、まず**最初に、予想使用水量を決めなければなりません**。引込管口径、受水槽および高置水槽容量などの算定基礎となるからです。

住宅の使用水量

　住宅での使用水量は、家族構成や季節によって異なりますが、便所、浴室、台所、洗濯機などに使用する水量は、**年間平均1人1日当たり150～300L程度**です。日常生活における水の使われ方は、おおむねトイレ18%、入浴32%、洗濯22%、炊事その他23%となっています。

建物の使用水量

　建物の使用水量には飲食、洗面やトイレ洗浄水などのほか、空調用水や水泳プール、植栽散水、噴水などの使用水量が含まれます。建物の使用目的によって大きく異なります。

建物用途別の使用水量

　建物の使用水量を求める場合は、次のような方法が用いられます。
①**建物の利用人員から算出する方法**
②**設置する水使用器具の数から算出する方法**
③**建物の延床面積から算出する方法**

上記のうち①は受水槽などの主要機器の選定に使われ、②は給水管の口径の決め方に、③は概略的に設備全体を計画する時などに使われます。

建物用途別の使用水量

建物種類	単位給水量（L/日）	使用時間（h/日）	注記	有効面積当たりの人員など	備考
戸建住宅	200～400	10	居住者1人当たり	0.16人／㎡	1DK=1.5人
集合住宅	200～350	15	居住者1人当たり	0.16人／㎡	2DK=2.5人 3DK=3.5人
独身寮	400～600	10	居住者1人当たり		4DK=4.5人
官公庁・事務所	60～100	9	在勤者1人当たり	0.2人／㎡	男子50L/人、女子100L/人。社員食堂・テナントなどは別途加算
工場	60～100	操業時間+1	在勤者1人当たり	座作業0.3人／㎡ 立作業0.1人／㎡	男子50L/人、女子100L/人。社員食堂・テナントなどは別途加算
総合病院	1500～3500L/床 30～60L/㎡	16	延べ面積1㎡当たり		設備内容により詳細に検討する
ホテル全体	500～600L/床	12			同上
ホテル客室部	350～450L/床	12			客室部のみ
保養所	500～800L/人	10			
喫茶店	20～35L/客 55～130L/店舗㎡	10	店舗面積には厨房面積を含む		厨房で使用される水量のみ。便所洗浄水などは別途加算。
飲食店	55～130L/客 110～530L/店舗㎡	10			定性的には、軽食・そば・和食・洋食・中華の順に多い
社員食堂	25～50L/食 80～140L/食堂㎡	10			
給食センター	20～30L/食	10			
デパート・スーパーマーケット	15～30L/㎡	10	延べ面積1㎡当たり		従業員分・空調用水を含む
小・中・普通高校	70～100L/人	9	（生徒+職員）1人当たり		教師・従業員分を含む。プール用水（40～100L/人）は別途加算。実験・研究水は別途加算。
大学講義棟	2～4L/㎡	9	延べ面積1㎡当たり		
劇場・映画館	25～40L/㎡ 0.2～0.3L/人	14	延べ面積1㎡当たり 入場者1人当たり		従業員分・空調用水を含む
ターミナル駅	10L/1000人	16	乗降客1000人当たり		列車給水・洗車用水は別途加算。
普通駅	3L/1000人	16	乗降客1000人当たり		従業員分・多少のテナント分を含む
寺院・教会	10L/人	2	参会者1人当たり		常住者・常勤者分は別途加算
図書館	25L/人	6	閲覧者1人当たり	0.4人／㎡	常勤者分は別途加算

※冷却水を必要とする冷房用あるいは厨房用冷凍機がある場合には、13　L／min・RSRt（冷却塔を使用する場合には、これの2％、0.26　L／min・USRt）程度の冷却水が必要。
【注意事項】給水量および給水人員の算定にあたっては、所轄の水道局の指導や基準があるので、必ず協議をし、指導を受けなければならない。

2-3 設計用給水量を求める

水量を算出するまでのしくみ

> **Point**
> ●算定する場合は所轄の水道局と協議のうえ決定します。
> ●算定基準には人員法・器具数法があります。
> ●給水量は多すぎても少なすぎてもいけません。

設計用給水量とは

　使用水量の次は、設計用給水量を算出します。使用する器具や機器には、それぞれの機能を果たすために必要な水圧や水量が必要です。よって、**常時安定した水量や水圧が器具および機器装置へ供給されなければなりません**。空気調和・衛生工学便覧に「建物用途別の給水量」が示されています。

　建物の使用水量を求める場合は、次のような方法が用いられます。

①**建物の利用人員から算出する方法**
②**設置する水使用器具の数から算出する方法**
③**建物の延床面積から算出する方法**

　上記のうち①は受水槽などの主要機器の選定に使われ、②は給水管の口径の決め方に、③は概略的に設備全体を計画するときなどに使われます。

建物利用人員による算出

　建物の利用人員に1人当たりの使用水量を乗じて給水量を算出すします。利用人員は学校や劇場等定員が明確な場合は定員とし、定員が不明の場合は、建物の面積から、使用目的による1人当たりの占有面積によって利用人員を計算します。

器具数による算出

設置する水使用器具の種類と数によって設計用給水量を算出するものです。主として給水管の管径を決めるときに用います。

各種衛生器具・水栓の流量および接続管口径

器具種類	1回当たり所要量(L／回)	1時間当たり使用回数(回／h)	瞬時最大流量(L／min)	1回分の給水時間(sec／回)	給水接続枝管径(mm)	備考
大便器(洗浄弁)	15	6〜12	110	8.2	25	平均15L／回／10sec
大便器(洗浄タンク)	15	6〜12	10	60	13	
小便器(洗浄弁)	5	12〜20	30	10	20	平均5L／回／6sec
小便自動(洗浄タンク)2〜4人	9〜18	12	8	300	13	小便器4.5L／個／回
小便自動(洗浄タンク)5〜7人	22.5〜31.5	12	10	300	13	
手洗器	3	12〜20	8	18	13	
洗面器	10	6〜12	10	40	13	
流し類(1／2水栓)	15	6〜12	15	60	13	
流し類(3／4水栓)	25	6〜12	25	60	20	
洋風浴槽	125	3	30	250	20	
シャワー	24〜60	3	12	120〜300	13〜20	水量は種類により異なる
和風浴槽	容量による		30		20	
吹上げ水飲み器			3		13	
散水栓			20〜50		13〜20	

SHASE-S 206「給排水衛生設備基準・同解説」

(注)大便器(洗浄弁)の場合、最上階等の圧力の低い箇所では、接続管の管径を32mm以上とする。

給水設備で使用する計算式

● 対象人員の算定 N[人]の算定

$N = A \times k \times a$

A：建物延面積[㎡]、k：延面積に対する有効面積の割合[％]、a：有効面積当たりの人員[人／㎡]

●1日当たりの給水量 Qd[L／日]の算定

$Qd = N \times Q + r$

N：給水人員[人]、Q：1人1日当たりの給水量[L／(人・日)]、r：空調用機器やプール等の補給水[L／日]

2-3 設計用給水量を求める

- **時間平均給水量　Qh[L/hr] の算定**

Qh = Qd/T

Ｑｄ：１日当たりの給水量 [L/日]、Ｔ：１日平均使用時間 [h]

- **時間最大給水量　Qmh[L/hr]　の算定**

Qmh = Qh × 1.5 〜 2.0（通常は 2.0 とします）

- **瞬時最大給水量　Qp[L/min] の算定**

$$Qp = \frac{Qmh \times 1.5 〜 2.0}{60}$$（通常は 2.0 とします）

同時使用率とは

　建物施設には、多種な器具が、多数使用されますが、これらが同時に全部使用されることはありません。**器具の個数に応じて同時に使用される割合を同時使用率といいます**。

2-4 配管設計

配管設計のプロセス

> **Point**
> - 配管口径は、流量、流速と摩擦抵抗のうち2つを決めると求められます。
> - 流量の確保を優先します。
> - 管内の流速は、2m/sec以下となるように管径を調節します。

給水管の管径算定

給水管の管径算定法には、**管摩擦抵抗線図を用いる方法**と、**管均等表を用いる方法**があり、さらにこの2つの方法を組み合わせて求める方法があります。管均等表を用いる方法は、住宅や小規模な給水横枝管などで簡便法として用います。

給水管径を求める

管摩擦抵抗線図による管径を求める手順を解説します。
① 各給水栓類の器具給水負荷単位を求めます。(表A参照)
② 同時使用流量を求めます。(表B下参照)
③ 同時使用流量と流速(1.5～2.0m/sec以下)より管種別流量線図から管径と摩擦損失水頭を求めます。(P.250～P.256参照)
④ 許容摩擦損失水頭を計算により求めます。
⑤ 許容摩擦損失水頭がオーバーする場合は、管径を太くして手順③からやり直します。その際、流速も小さく(遅く)します。

許容摩擦損失水頭(動水勾配) I [kPa/m]の求め方

$I = (H - h) / L1 + L2$

H：給水器具の静水頭または吐出口の水頭圧 [kPa]
※高置水槽方式の場合は、水槽底面より下階設置の給水器具までの高さです。
h：水栓類の最低作動水圧 [kPa]
L1：給水管の実際の配管長さ [m]

L2：L1 での局部抵抗による摩擦損失相当長 [m]

概略値は、**L2 = L1 × 0.15 〜 0.3** です。

A　器具給水負荷単位

器具名	水栓	基部給水負荷単位 公衆用	基部給水負荷単位 私室用
大便器	洗浄弁	10	6
大便器	洗浄タンク	5	3
小便器	洗浄弁	5	
小便器	洗浄タンク	3	
洗面器	給水栓	2	1
手洗い器	給水栓	1	0.5
手術用手洗い器	給水栓	3	
水飲み器	水飲み水栓	2	
浴槽	給水栓	4	2
シャワー	混合弁	4	2
浴室一そろい	大便器が洗浄弁による場合		8
浴室一そろい	大便器が洗浄タンクによる場合		6
事務室用流し	給水栓	3	
台所流し	給水栓		3
調理流し	給水栓	4	2
食器洗い流し	給水栓	5	
連合流し	給水栓		3
洗面流し	給水栓	2	
（水栓1個につき）			
掃除流し	給水栓	4	3
洗たく流し	給水栓	2	
湯沸器	ボールタップ	2	
散水・車庫	給水栓	5	

＊給湯栓併用の場合は、1個の水栓に対する器具給水負荷単位は上記の数値の3/4とする。
空気調和・衛生工学会編：空気調和・衛生工学会便覧、改訂第14版、4巻

B 器具の同時使用率

器具数／ 1器具種類	1	2	4	8	12	16	24	32	40	50	70	100
大便器 （洗浄弁）	100	50	50	40	30	27	23	19	17	15	12	10
一般器具	100	100	70	55	48	45	42	40	39	38	35	33

同時使用流量

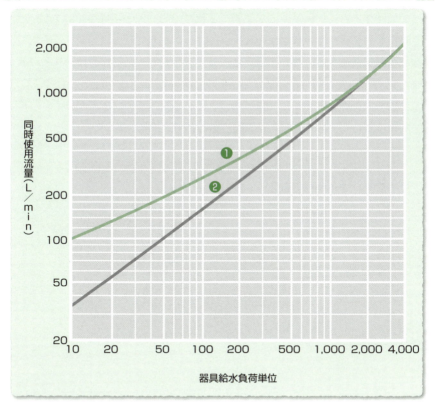

❶大便器洗浄弁使用の場合（小便器洗浄器を除く）
❷洗浄タンク使用の場合
　備考：事務庁舎では、曲線❷で同時使用流量を求めてよい。求め

給水設備の禁止施工

　給水は、飲用に適した水でなければなりません。最も注意しなければならないのが**クロスコネクションです。これは上水配管と上水配管以外の配管とが接続されること**をいい、上水以外の配管として、井水、中水、空調用配管、消火設備配管、排水管などがあります。

　給水管の内部には通常圧力がありますが、断水時や水圧の低い位置にある給水管に予想以上の流量が流れたりする場合、給水管内が負圧になることがあります。その時逆流する可能性があり、給水管と排水管の直接接続はないはずですが、大便器の洗浄弁のように逆サイホン作用で給水管内に吸い込まれることもあります。

　その防止法として、負圧時に水を吸い込まないで周囲の空気を吸い込むようにして防止する装置として**バキュームブレーカー付洗浄弁**を設置します。給水配管を機器などに接続する時は、その機器の構造を十分理解してから接続する必要があります。洗面器などのオーバーフロー口も詰まったり流れがわるかったりすると、水位はさらに上昇しますので、器具から水があふれ落ちる縁との間に十分な高さの空間を設けることが必要です。この空間を**吐水口空間**といいます。

貯水槽の吐水口空間

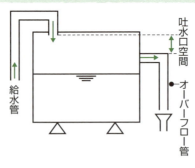

給水管の種類と配管施工

給水設備に使用する主な管と継手類は下表に示します。

給水設備に使用する主な管・継手類

	名称		使用区分					備考
			屋外埋設	屋内配管	トレンチ・ピット内	住戸内配管	屋外露出配管	
管類	一般配管用ステンレス鋼鋼管	JISG3448	○	○	○	○	○	
	水道用ステンレス鋼鋼管	JWWAG115	○	○	○	○		
	水道用硬質塩化ビニルライニング鋼管	JWWAK116	VD	VA	VD	VA	VD	本管引込管80A以上
	水道用ポリエチレン粉体ライニング鋼管	JWWAK132	PD	PA	PD	PA	PD	本管引込管50A以下
	水道用硬質塩化ビニル管	JISK6742	○					
	水道用ポリエチレン管	JISK6762	○			○		
	架橋ポリエチレン管	JISK6769				○		
	ポリブテン管	JISK6778			○	○		
継手	水道用耐衝撃性硬質塩化ビニル管	JWWAK118	○					ヘッダ工法・床
	一般配管用ステンレス鋼鋼管のプレス式管継手	SAS 352	○	○				水道局の承認が必要。
	一般配管用ステンレス鋼鋼管の圧縮式管継手	SAS 353	○	○				地中埋設管
	管端防食継手(塩ビライニング・ポリ粉体鋼管用)	−	○	○	○	○	○	
	水道用硬質塩化ビニル管継手	JISK6743	○	○				
	架橋ポリエチレン管継手	JISB2354				○		コア内臓形
	ポリブテン管継手	JISK6779			○	○		
	水道用耐衝撃性硬質塩化ビニル管継手	JWWAK119	○					ヘッダ工法・床
弁類	ゲート弁(仕切弁)			○	○	○	○	水道局の承認が必要。
	ボール弁			○		○		地中埋設管
	逆止弁		○	○		○		
	フレキシブル継手			○	○	○	○	

(注)○印は主な適用品

使用できる管は使用区分より選びましょう。

接合の種類

　管の直管と直管、直管と継手などの接合の種類も、使用する管材などによって使い分けます。代表的なものを説明します。

● **ねじ接合**

　パイプの雄ねじを継手の雌ねじにねじ込むことで接合する方法です。ねじの形状はJIS（日本工業規格）で決められています。

● **溶接接合**

　溶接は素材同士を熱で溶かして接合するものです。

● **メカニカル接合**

　その名のとおり機械的な接合方法で、管種や用途によって各種のメカニカル形継手があります。

● **接着接合**

　樹脂管の接合方法で、パイプを継手受口に、接着剤を接続面のパイプの外面と継手の内面に塗って差し込み、接着剤により接続面を溶かして接着接合する方法です。

● **フランジ接合**

　パイプの端部にフランジを取り付け、フランジ同士をボルト・ナットで締め付けて接合する方法です。主として大口径の鋼管類に採用されます。

接合の種類

ねじ接合
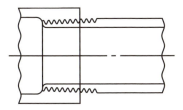

溶接接合
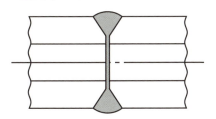

メカニカル接合
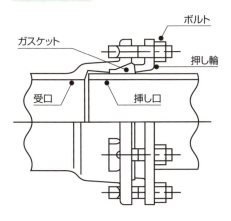

フランジ接合
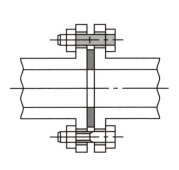

接着接合
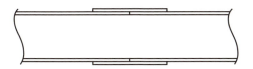

2-5 湯の温度と給湯量を知る

給湯温度と給湯量の決定方法

> **Point**
> ●給湯器の能力計算は、冬季の適温で計算します。
> ●高齢者と小児の給湯による火傷に気を付けましょう。
> ●給湯使用量は季節で変わります。冬期を基に決めます。

給湯温度と使用温度

使用する給湯温度は、用途によって適温があります。用途別に、夏季と冬季の適温を示しました（次ページ参照）。

大人と小児では、小児用の適温は大人より低く、厨房用や飲用は温度が高いものですが、浴用や洗面用では40℃前後の湯温が適温と思われます。それぞれの用途別に適温が違いますので気を付けましょう。また、居住者の好み（浴用などで熱い湯が好みの方や逆に熱がりの方など）によっても対応する場合もあります。

熱源機の容量計算などでは、冬季の適温で計算します。 夏季の温度では機器の能力などが小さくなってしまうので注意しましょう。

給湯による火傷

給湯による火傷は、3～5歳以下の幼児と60歳以上の老人に多く発生します。特にこれらの年代の心身障害者の場合に多いので要注意です。

48℃の湯を10秒間以上、44℃以上の湯を100秒以上浴びていると熱いと感じます。62℃の湯を2秒以上、56℃の湯を10秒以上、50℃の湯を100秒以上浴びると皮膚の表面が火傷します。

給湯使用量

湯の使用量は、年々飛躍的に増えています。住宅での日常生活では、風呂好きかどうかで個人差があります。給湯使用量は、季節によっても変動します。一般に冬期に多くなり、夏期には少なくなります。

2-5 湯の温度と給湯量を知る

用途別使用温度

用途		適温(℃) 夏	適温(℃) 冬
飲料用		50～55	50～55
浴用　浴槽(成人)		39～41	41～43
浴用　浴槽(小児)		39～40	40～42
洗髪		37～39	39～41
シャワー		38～40	40～42
洗面・手洗用		35～37	38～40
医科用手洗用		43	43
ひげそり用		42～45	46～52
厨房用	一般(食器洗浄)	36～39	37～41
	皿洗機(洗浄用)	60～70	60～70
	皿洗機(すすぎ用)	70～80	70～80
洗濯用	(手洗用)	36～38	38～40
	商業用一般	60	60
	絹および毛織物	33～37	38～49
	リンネルおよび綿織物	49～52	45～60
遊泳プール		21～27	21～27
ガレージ(洗車用)		24～30	24～30

(空気調和・衛生工学便覧 14版)

建物用途別の給湯使用量 (年平均)

建物用途	概略給湯使用量	
戸建住宅	80～90	L/人・日
集合住宅	100～170	L/人・日
事務所ビル	5～6	L/人・日
ホテル客室	100～120	L/人・日
総合病院	2.5～3.5	L/㎡・日
	100～160	L/床・日
飲食店舗厨房	50～90	L/㎡・日
社員食堂	7～10	L/食

2-6 給湯方式を決める
給湯方式を決定するまでの手順

> **Point**
> ●一般に熱源は、ガス・電気・灯油が主流です。
> ●給湯器類の能力に余裕をみて大きめの号数を選定します。
> ●電気温水器は、貯湯量に余裕をみて貯湯タンク容量を選定します。

給湯方式の種類

給湯方式は、局所式と中央式に分かれます。熱源は、ガス、電気、灯油のほか、太陽熱や蒸気、温泉なども利用されています。

局所式給湯

給湯個所が少ない比較的小規模な建物や、大規模な建物であっても給湯個所が分散し、使用状況が異なる場合に採用する給湯方式です。一般には、給湯配管が短く、循環を必要としない**小規模な給湯方式**です。

局所式給湯の設計上の留意点

局所式給湯設計の際は以下の3点に注意します。
①給湯器具数や給湯必要機器の給湯量等から瞬間最大給湯量を算出し、給湯能力を決定する。
②瞬間式の場合は、水圧と給湯管の摩擦損失水頭を考慮し、可能な限り小口径とします。湯待ち時間の短縮のためです。
③貯湯式低圧ボイラの場合は、給湯と給水の水圧が同じになるように注意する。減圧弁を設置し連続出湯しても温度が変わらないようにする。

中央式給湯（セントラル給湯）

広範囲に存在する給湯個所に対して、機械室内に貯湯槽を設置し、供給するシステムで、ホテルや病院等のように給湯個所が多く、使用量の多い建物などに採

用されます。給湯配管の延長が長く、配管や機器からの放熱によって湯の温度が低下するため、返湯管を設けて湯を循環させ、給湯栓を開ければすぐに設定温度の湯が得られるようにします。

中央式給湯の設計上の留意点

中央式給湯設計の際は以下の3点に注意します。
①加熱装置や貯湯槽の搬入・搬出が容易な場所の選定と故障や点検に備えて2基以上設置することが望ましい。
②返湯管の長さが短くなるように計画する。
③各系統・枝管の循環流量が均等になるよう流量調節ができるようにする。
④循環ポンプは過大にならぬように、返湯管側に設置する。
⑤安全策や腐食対策を考慮し検討する。
⑥溶存気体の分離放出がしやすい配管計画を立てる(供給方式・ゾーニングの場合)。

セントラル給湯と局所式給湯

2-7 給湯設備の機器

給湯設備の種類

> **Point**
> ●熱源は、ガス、電気、灯油のほかに太陽熱などがあります。
> ●給湯器の能力は冬期に合わせ能力に余裕をみて選定しましょう。
> ●電気温水器は貯湯量に余裕をみて貯湯容量を選びましょう。

加熱装置の種類

加熱装置には、下記のように多種多様なものがあります。

● ガス給湯器あるいは石油給湯器

ほとんどのものが瞬間式で、住宅や営業用厨房で使用されています。

● 電気温水器

電気料金の安い夜間電力を利用するものが住宅用に多く使用されています。貯湯量は1日の給湯使用量分とする必要があり、貯湯温度が90℃前後と高温です。

● 加熱コイル付貯湯槽

大規模な建物において、蒸気が他の目的にも使用される病院やホテルなどの場合に使用されます。貯湯槽は、労働安全衛生法による第1種圧力容器に該当し、設置届、落成検査、1カ月に1回以内ごとの定期自主検査、および1年以内ごとに1回の労働基準監督署による性能検査などを必要とする場合がほとんどです。

真空式温水器、あるいは無圧式温水器と加熱コイルなし貯湯槽を組み合わせた大規模建築で蒸気や高温水が得られない場合には、かつては給湯ボイラが使用されましたが、ボイラは労働安全衛生法により、取扱作業責任者と定期的な自主検査や性能検査が必要となるため、最近では圧力が大気圧以上にならないために**ボイラに該当しない、真空式温水器や無圧式温水器とコイルなし貯湯槽の組み合わせ**が使用されています。

● 太陽熱温水器

戸建住宅に多く設置されています。家庭用の温水器は集熱部と貯湯部が一体になっていますが、業務用に使用されるものは別々に設置されます。曇天時や雨天時のために、別に加熱装置が必要です。

● 貯湯式湯沸器

給茶用のもので、ガス式や電気式のものが湯沸室などに設置されます。

● ヒートポンプ

省エネルギーを図るために、冷房の排熱、河川水、下水などの熱がヒートポンプによって汲み上げられて給湯あるいは給湯の予熱などに使用されています。

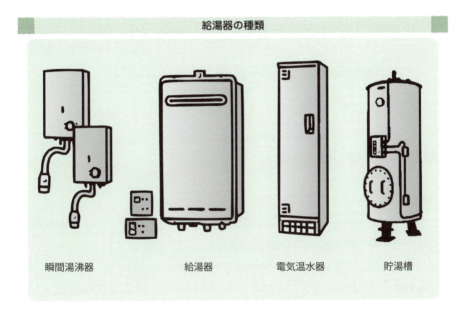

給湯器の種類

瞬間湯沸器　　給湯器　　電気温水器　　貯湯槽

2-8 給湯の配管方式

給湯器の次は、配管方式を決定します

> **Point**
> ● 住宅などの小規模建物には単管式が多い。
> ● 循環式の場合の循環ポンプの循環量は熱量補給分だけでよい。
> ● 循環ポンプの循環水量を過大に算定しない。

給湯設備の配管方式

給湯設備の配管方式には、**単管式、ヘッダ方式、循環式**があります。

● 単管式

給湯器や電気温水器からの給湯配管は、機器から給湯栓等の器具への供給管のみの配管方式で、循環式と異なり返湯管を設けないので**単管式あるいは1管式**と呼びます。ちなみに**循環式を複管式あるいは2管式**といいます。

● ヘッダ方式

単管式の一種ですが、加熱装置を出たところにヘッダを設けて、そのヘッダから各給湯栓へそれぞれ単独に給湯配管を行う方式です。

● 循環式

大規模な給湯設備において、加熱装置からの給湯個所が多くなり、給湯配管が長くなると、管内で湯温が下がり適温の湯が出てこなくなります。
　そこで、その欠点を補うために給湯管を循環させておくのです。循環させるために**循環ポンプ**を用いますが、循環水量は循環管路からの熱損失で決定します。

給湯管径の決定

給湯往管の管径は、器具給水負荷単位数を元にした器具給湯負荷単位数によって負荷流量を想定して、給水管の管径決定と同様な方法で決めます。

2-8 給湯の配管方式

　中央式給湯方式における返湯管の管径は、加熱装置を出たお湯が、5〜10℃程度温度が下がって再び加熱装置に戻ってくるように、循環配管路からの熱損失を5〜10℃で割った値を循環流量として、流速が1.2〜2.0m/sec程度になるように決めますが、概略給湯往管の半分位の管径になります。

　管径を決定する際の注意事項ですが、使用する配管内のスケールの付着を考慮します。特に鋼管類は、管径を太めにします(巻末に、給湯単位による同時使用流量を添付します)。

給湯の配管方式

▼集合住宅の場合の住戸内セントラル給湯配管方式の例を示します。

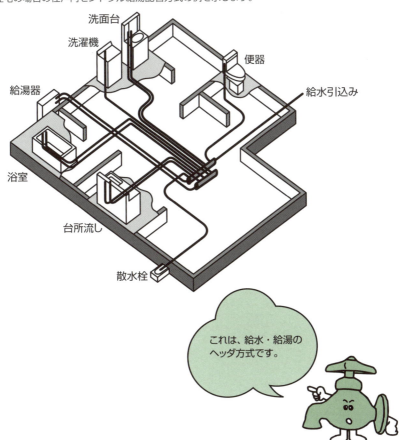

これは、給水・給湯のヘッダ方式です。

2-9 給湯の安全装置

機器や配管の安全を確保する手段です

> **Point**
> ●勾配は1/200程度が最適です。空気溜まりのないように注意しましょう。
> ●配管の伸縮継手は、20〜30m間隔に配置してください。
> ●膨張水を逃がす装置は膨張水槽(タンク)です。

膨張水

水は温度が上昇すると体積が膨張します。これを膨張水といいます。この膨張水を吸収する装置が不備ですと機器や配管の損傷にも繋がります。

逃し管（膨張管）

高いところに給湯用の補給水槽を設置して、そこから加熱装置に水が補給される場合には、加熱装置から逃し管（膨張管）を取り出して補給水槽へ膨張量を逃します。この場合、湯は水よりも軽いので、**膨張管は補給水槽の最高水面よりも高く立ち上げる**必要があります。この補給水槽が逃し管専用の場合は、開放式膨張水槽といいます。

逃がし弁

水道直結の加熱装置には、圧力が高くなったら湯水を逃がす、逃がし弁があります。

密閉式膨張水槽

空気が湯に溶け込まないように、ダイヤフラムで加圧ガスと湯が接触しないように工夫されています。逃がし弁と同様に圧力が高くなると湯水を逃がします。

配管の膨張対策

給湯に使用される給湯管は、温度変化によって伸縮します。例えば、長さ1m

の耐熱性硬質塩化ビニル管は、温度が5℃から60℃になると、3.9mm長さが延びます。何らかの対応をしなければ配管が座屈したりします。このために伸縮継手を設けたり、伸縮曲管や枝管の取り出し部に曲がりを多く設けて配管にたわみ性を持たせたりします。

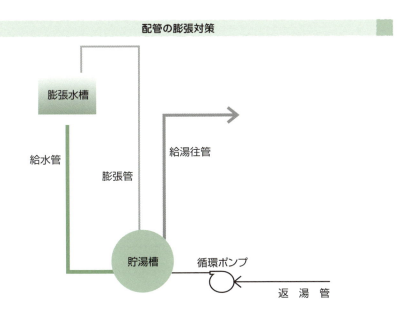

配管の膨張対策

貯湯槽の場合も膨張管を忘れずに設置します。

2-10 給湯配管材料の種類

給湯設備に使用する主な管・継手類

> **Point**
> ● 銅管には、管の肉厚によって3種類あります。厚い順にK・L・Mタイプです。
> ● プラスチック管(合成樹脂管)は、耐食性があり軽量で施工性はよいが、衝撃と温度変化による伸縮に留意する必要があります。

■ 給湯配管材料の種類

　給湯設備に使用する主な管・継手類を次ページに示します。表中の○印は、主な適用品です。使用する部位別、管名称ごとに列記しました。また、接続方法と適用管種も示しています。

　給湯用配管が給水用配管と異なる点は、管内の水温が高いので**配管の膨張**があります。**高温に耐えられる配管材質の選定**は慎重に検討しなければなりません。

　主に使用されるのは、**耐熱用硬質塩化ビニルライニング鋼管、ステンレス鋼鋼管、銅管、耐熱用硬質塩化ビニル管、架橋ポリエチレン管、ポリブデン管**などです。銅管を使用する場合は、配管内の流速があまり速くならないようにしなければ潰食が生じることがあります。太いステンレス鋼鋼管の場合は、アルゴン溶接による接合となり、接合には熟練を要します。

　他の注意点は、**配管の膨張対策**です。長い直線配管などには**伸縮継手**などを設けて、その膨張量を吸収しなければなりません。

■ 適正な保温厚さの求め方

　保温厚さは、保温材の経済的な厚さおよび放散熱量を求める計算で決定します。保温・保冷工事では、施工後の表面に結露を生じないことを条件とした計算を行い選定します。計算は煩雑で、保温材の内部温度、周囲温度、保温材の熱伝導率、表面熱伝導率、保温施工価格、熱量単価、年間使用時間などから決定されます。各自で簡易計算法を作成されることを期待しますが、たいていは、**国土交通省の『機械設備工事共通仕様書』**や空気調和・衛生工学会規格『空気調和・衛生設備工事

標準仕様書』に準拠しています。

給湯設備に使用する主な管・継手類

	名称		使用区分					備考
			屋外埋設	屋内配管	トレンチ・ピット内	住戸内配管	屋外露出配管	
管類	一般配管用ステンレス鋼鋼管	JISG3448	○	○	○		○	
	配管用ステンレス鋼鋼管	JISG3459	○	○	○		○	
	給湯用塩化ビニルライニング鋼管	WSP043		○	○		○	C-VA
	銅管（LまたはMタイプ）	JISH3300		○	○		○	
	耐熱性硬質塩化ビニル管	JISK6776				○		
	架橋ポリエチレン管	JISK6769				○		ヘッダ工法・床
	ポリブテン管	JISK6778				○		
継手	一般配管用ステンレス鋼鋼管のプレス式管継手	SAS352	○	○	○		○	
	一般配管用ステンレス鋼鋼管の圧縮式管継手	SAS353	○	○	○		○	
	銅管の継手	JISH3401		○	○		○	
	耐熱性硬質塩化ビニル管継手	JISK6777				○		
	架橋ポリエチレン管継手	JISB2354				○		ヘッダ工法・床
	ポリブテン管継手	JISK6779				○		

（注）大便器（洗浄弁）の場合、最上階等の圧力の低い箇所では、接続管の管径を32mm以上とする。

主な接続方法と主要適用管種

接続方法	主要適用管種
ねじ接合	鋼管、ライニング鋼管（排水用をのぞく）
溶接接合	鋼管、ステンレス鋼管
ろう付け接合	銅管
フランジ接合	大口径の鋼管、ライニング鋼管（排水用をのぞく）、ステンレス鋼管
メカニカル接合	鋳鉄管、鋼管、ステンレス鋼管、架橋ポリエチレン管、ポリブテン管
接着接合	塩化ビニル管、耐熱性塩化ビニル管、ポリブテン管

2-11 排水の種類と系統分け

それぞれの排水の性質

Point
- 排水には、汚水・雑排水・雨水・特殊排水の4つがあります。
- 排水系統は汚水系統・雨水系統・湧水系統・特殊排水系統・間接排水系統・低位排水系統の5種類です。

排水の種類と系統分け

排水には、**汚水**（大小便器、汚物流しなどの排水）、**雑排水**（汚水以外の排水器具からの排水）、**雨水**（屋根や敷地の降雨水）、**特殊排水**（一般の排水や下水本管へ直接放流できない有害・有毒など望ましくないものを有する排水）があります。

排水の種類

排水の種類	概要説明
汚水	大小便器、汚物流し、ビデなどの排水をいう。建築基準法などでは雑排水を含めて汚水というが、意味が異なる。
雑排水	汚水、雨水および特殊排水をのぞく排水をいいます。さらに厨房排水、浴室排水、機械室排水、駐車場排水、湧水などに分けられます。
雨水	屋根、側壁、ベランダなどに降る雨水と敷地に降る雨水に分けられます。前者の雨水は簡易処理して雑用水として利用されています。
特殊排水	化学系排水、ランドリー排水、放射性排水、伝染病棟排水などのように、有害・危険な排水をいい、適切な処理が必要です。

排水の系統分け

建物内排水は、排水の種類、下水道の種類、処理の必要性、衛生性、維持管理の容易性などから次のように系統を分けます。

● 汚水系統

単独処理の浄化槽を設置する場合は、浄化槽まで単独系統で導きます。また、維持管理上、汚水系統を分ける場合もあります。

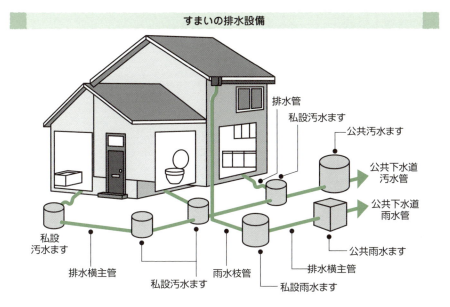

すまいの排水設備

- **雑排水系統**

単独処理浄化槽設置の場合は、汚水と分けます。厨房排水は詰まりなどの障害が発生しやすいため、グリストラップを設け、基本的に単独で屋外に導かれます。公共下水道や合併浄化槽の場合は、一般には汚水と合わせて排水します。

- **雨水系統**

建物内の雨水は、単独系統とします。但し合流下水道地域では、屋外で汚水＋雑排水系統と合流します。

- **湧水系統**

地下2重ピット内に溜まる湧水は、下水道料金が課せられる場合があるので、計量装置までの系統は単独とします。

- **特殊排水系統**

特殊排水系統の排水は、適切な処理装置へ導くまで単独系統とします。

2-11 排水の種類と系統分け

● **間接排水系統**

間接排水の必要のある器具の排水は、単独の系統として、最下流で間接排水とする例があります。

● **低位排水系統**

1階以下の低位排水を排水ポンプで汲み上げて流す排水です。

排水管と通気管

排水管および通気管には、各部位によって管の名称が変わります。

建物内の排水系統を、木(ツリー)に例えて付けられています。木の幹に当たる配管を**排水立管**、その立管に木の枝のように各階の枝管を**排水横枝管**と呼んでいます。最下階でいくつかの排水立管を接続し、メインとなる排水管を**排水横主管**といいます。

通気管も排水管同様に、排水立管の頂部となる通気管を**伸頂通気管**、排水立管の最下個所から単独で立ち上がる**通気立管**、端末排水器具1個目から2個目の間にとる**ループ通気管**、各器具ごとに取り付ける**各個通気管**、排水横枝管と排水立管の手前でとる**逃し通気管**、排水立管と通気立管を繋ぐ**結合通気管**、などの名称が付けられています。次ページの図を確認しながら覚えてください。

なお、各通気管は排水のあふれない上部より外気に開放します。その器具類を**通気口金物**といいます。その金物も、壁埋込型や露出型などの種類もありますので、適材適所で製品を選択してください。

通気金物

防虫網付露出型ベントキャップ

埋込型ベントキャップ

通気口ギャラリー

画像提供:伊藤鉄工株式会社

2-11 排水の種類と系統分け

管の名称

▼排水管と通気管の名称は、使用されている部位によって名称が異なります。立管系統と横枝管系統を図を見ながら覚えてください。

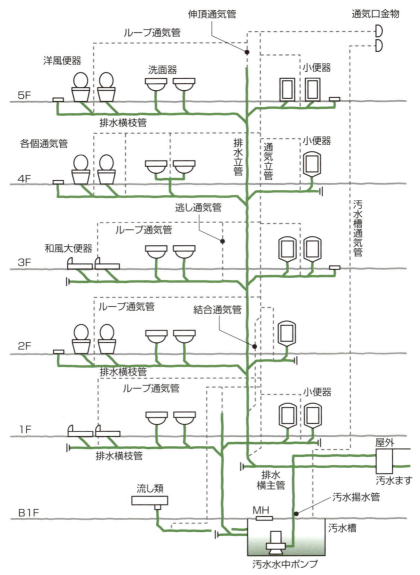

排水管径の決め方

器具排水負荷単位法により管径を求めます。その手順を説明します。
①器具ごとに器具排水負荷単位を求めます。（表A～表C参照）
②各区間の器具排水負荷単位数を累計します。
③排水横枝管および排水立管の管径は、表Eから選びます。
④排水横主管、敷地排水管の管径は、表Hから選定します。その際の配管勾配は、表Gより適切な数値を選びます。
⑤ポンプから吐き出された排水を排水横主管に接続する場合は、表A～表Cから器具排水負荷単位に換算して管径を決めます。
⑥選定した管径が後述の「排水管径決定の基本原則」に示されている最小口径に適合しているか確認します。
⑦もし、不適合の場合は、配管サイズをアップするなどの修正作業を行い、すべての条件を適合させてください。

排水管径の決定の基本原則

基本的には、器具よりの排水負荷流量を考慮して決定しますが、次の事項を守るべき基本原則としています。
①器具排水管の最小管径は30㎜とします。
②排水横枝管の管径は、これに接続する器具の最大口径以上とします。
③排水立管の管径は、それに接続する排水横枝管の最大口径以上のものとします。さらに、上部を細く下部を太くするような「たけのこ配管」をしてはいけません。
④排水管は、立管、横走り管のいずれの場合でも、排水の流下方向の管径を縮小してはいけません。
⑤排水ポンプの吐出水を、排水横主管には合流させず、単独に屋外排水ますまでそのまま出したほうがよいです。なおかつ、屋外排水ますも最終放流ますとするほうがよりよい策です。
⑥厨房の排水管などは、時間の経過にともない管内にグリース等が固着して管断面を縮小させますので、算出した管径より少なくとも1サイズ太いものを選定します。集合住宅などの台所流し排水系統も同様な理由から管径をサイズアップします。

A 器具排水負荷単位表（施設）

器具種類		器具排水負荷単位	付属トラップ口径(mm)	器具排水管の最小口径(mm)
大便器	洗浄タンクによる場合	4	75	75
大便器	洗浄弁による場合	8	75	75
小便器	壁掛形（JIS U 220型）	4	40	40
小便器	ストール形・壁掛ストール形	5	50	50
小便器	ストール小便器（トラップ付）・サイホンジェット	8	50	50
公衆用水洗便所	トラフ形・連立式長さ0.6mごとに	2	50	50
洗面器・手洗器		1	30	30
手洗器（小形）	便所の手洗専用でオーバーフローのないもの	0.5	25	30
歯科用洗面器		1	30	30
理髪・美容用洗面器		2	40	40
水飲器		0.5	30	30
たん吐器		0.5	25	30
浴槽	住宅用 洋風・和風を問わない。	2	40	40
浴槽	＊浴槽上に設置のシャワーは、排水単位に無関係。	3	50	50
浴槽	公衆用・共用	4～6	50～75	50～75
囲いシャワー	住宅用	2	50	50
シャワー（連立）	シャワーヘッド1個当り	3	50	50
ビデ		1	30	40
掃除用流しまたは雑用流し		2.5	65	65
掃除用流しまたは雑用流し		3	75	75
洗濯用流し		2	40	40
連合流し		3	50	50
連合流し	ディスポーザ付	4	40	50
汚物流し		8	75～100	75～100
医療用流し	大形	2	40	40
医療用流し	小形	1.5	30	40
歯科ユニット		0.5	30	30
化学用実験流し		1.5	40	40
流し	台所用・住宅用	2	40	40
流し	台所用・住宅用	4	50	50
流し	ディスポーザ付・住宅用	3	40	40
流し	ホテル・公衆用・営業用	4	50	50
流し	ソーダファウンテンまたはバー用	1.5	40	40
流し	パントリー用・皿洗用	2	40	40
流し	パントリー用・皿洗用	4	50	50
流し	野菜洗用	4	50	50
流し	湯沸場用	3	50	50
皿洗い機住宅用		2	40	40
洗面流し場	並列式 1人分につき	0.5	30	40
床排水		2	40	40
床排水		3	50	50
床排水		5	75	75
1組の浴室器具	（大便器＋洗面器＋浴槽または囲いシャワー）			
	大便器の洗浄がロータンクによる場合	6	75～100	75～100
	大便器の洗浄が洗浄弁による場合	8	75～100	75～100
排水ポンプ	エゼクタ吐出量3.6L／minごとに	2	40	40

2-11 排水の種類と系統分け

B 器具排水負荷単位(共同住宅・住宅)

(UR都市機構仕様)

器具種類	器具排水負荷単位	付属トラップ口径(mm)	器具排水管の最小口径(mm)
便器(洗浄タンク)	4	75	75
床排水トラップ(浴室用)	4	50	50
流し排水トラップ(台所用)	4	40	50
洗面器	1	32	40
洗濯機用トラップ	4	50	50
便器+洗面器	4	―	75
便器+床排水トラップ(浴室用)	6	―	100
便器+洗濯機用トラップ	6	―	100
便器+床排水トラップ(浴室用)+洗面器	6	―	100
便器+床排水トラップ(浴室用)+洗濯機用トラップ	8	―	100
便器+床排水トラップ(浴室用)+洗濯機用トラップ+洗面器	8	―	100
洗濯機用トラップ+洗面器	4	―	50
洗濯機用トラップ+流し排水トラップ(台所用)	6	―	65
洗濯機用トラップ+床排水トラップ(浴室用)	6	―	65
洗濯機用トラップ+床排水トラップ(浴室用)+洗面器	6	―	65
床排水トラップ(浴室用)+洗面器	4	―	50
流し排水トラップ(台所用)+洗面器	4	―	50
流し排水トラップ(台所用)+床排水トラップ(浴室用)	6	―	65
流し排水トラップ(台所用)+床排水トラップ(浴室用)+洗面器	6	―	65
流し排水トラップ(台所用)+床排水トラップ(浴室用)+洗濯機用トラップ	8	―	65
流し排水トラップ(台所用)+床排水トラップ(浴室用)+洗濯機用トラップ+洗面器	8	―	65

C 器具排水負荷単位(標準衛生器具以外)

(NPC ASA A40.8-1955)

器具種類	器具排水負荷単位	付属トラップ口径(mm)	器具排水管の最小口径(mm)
器具排水管またはトラップの口径	1	30以下	30
器具排水管またはトラップの口径	2	40	40
器具排水管またはトラップの口径	3	50	50
器具排水管またはトラップの口径	4	65	65
器具排水管またはトラップの口径	5	75	75
器具排水管またはトラップの口径	6	100	100

D 排水口空間

(HASS 206)

間接排水管の管径(mm)	排水口空間(mm)
25以下	最小50
30~50	最小100
65以上	最小150

吐水空間の例

2-11 排水の種類と系統分け

E 排水横枝管および立て管の許容最大排水単位

(NPC ASA A40.8-1955)

管径 (mm)	器具排水負荷単位の合計			
	排水横枝管	高さ3階までの 排水立管	高さ3階を超える排水立管	
			器具排水負荷単位の合計	1階分の排水単位の合計
30	1	2	2	1
40	3	4	8	2
50	6	10	24	6
65	12	20	42	9
75	20 (注1)	30 (注2)	60 (注2)	16 (注1)
100	160	240	500	90
125	360	540	1100	200
150	620	960	1900	350
200	1400	2200	3600	600

（注1）大便器は2個まで　（注2）大便器は6個まで

F 排水横主管の許容最大排水単位

(UR都市機構仕様)

管径 (mm)	配管勾配	
	1/100 器具排水負荷単位の合計	1/50 器具排水負荷単位の合計
50		21
65		22
75	18(注1)	23(注1)
100	104(～8戸)	130(～10戸)
125	234(～19戸)	288(～24戸)
150	420(～35戸)	504(～42戸)
200	960(～80戸)	1152(～96戸)
250	1740	2100
300	2760	3360

（注1）大便器は2個まで

G 排水管の標準勾配・最小勾配

SHASE-S 206

管径 (mm)	勾配	
	屋内排水管	屋外排水管
75以下	最小　1/50	最小　1/50
100	最小　1/100	最小　1/100
125	最小　1/100	最小　1/125
150	最小　1/100	最小　1/150
200以上	最小流速　0.6m/s以内	最小流速　0.6m/s以内

2-11 排水の種類と系統分け

H 排水横主管・敷地排水管の許容最大排水単位

(NPC ASA A40.8-1955)

管径 (mm)	許容最大排水単位 配管勾配							
	1/200		1/100		1/50		1/25	
	実用	NPC	実用	NPC	実用	NPC	実用	NPC
50					21	21	26	26
65					22	24	28	31
75			18	20*	23	27*	29	36*
100			104	180	130	216	150	250
125			234	390	288	480	345	575
150			420	700	504	840	600	1000
200	840	1400	960	1600	1152	1920	1380	2300
250	1500	2500	1740	2900	2100	3500	2520	4200
300	2340	3900	2760	4600	3360	5600	4020	6700
375	3500	7000	4150	8300	5000	10000	6000	12000

*印は大便器2個まで　(注1):実用排水単位数は器具数が大体建物居住者20〜30人に対し、1個の割合で、通気管はループ通気管法の場合に適用する。　(注2):NPCの排水単位数は器具数が大体建物居住者10〜15人に対し、1個の割合で、通気管は各個通気管法の場合に適用する。

I 下水管流量表　(m^3/sec)

管種:HP　【クッター公式による】　粗度係数 n=0.013

管径 (mm)	千分率勾配						
	20.0	10.0	8.0	6.0	5.0	4.0	3.0
	1/50	1/100	1/125	1/167	1/200	1/250	1/333
75	0.00268	0.00189	0.00169	0.00146	0.00134	0.00119	0.00103
100	0.00606	0.00428	0.00382	0.00331	0.00302	0.00269	0.00233
125	0.01137	0.00803	0.00718	0.00621	0.00566	0.00506	0.00437
150	0.019	0.0134	0.012	0.0104	0.0095	0.0085	0.0073
200	0.0424	0.03	0.0268	0.0232	0.0211	0.0184	0.0163
250	0.0789	0.0557	0.0498	0.0431	0.0393	0.0352	0.0304
300	0.1307	0.0923	0.0825	0.0714	0.0651	0.0582	0.0503
350	0.1998	0.1412	0.1262	0.1092	0.0996	0.089	0.077
400	0.2859	0.2037	0.1822	0.1577	0.1438	0.1285	0.1115
450	0.398	0.281	0.252	0.218	0.199	0.178	0.154
500	0.531	0.375	0.336	0.29	0.265	0.237	0.205
600	0.873	0.617	0.551	0.477	0.435	0.389	0.337

J 下水管流量表　(m^3/sec)

管種:VP　【クッター公式による】　粗度係数 n=0.010

管径 (mm)	千分率勾配						
	20.0	10.0	8.0	6.0	5.0	4.0	3.0
	1/50	1/100	1/125	1/167	1/200	1/250	1/333
75	0.00390	0.0028	0.0025	0.0021	0.002		
100	0.00880	0.0062	0.0055	0.0043	0.0044		
125	0.01640	0.0116	0.0104	0.009	0.0082		
150	0.0272	0.0192	0.0172	0.0148	0.0135		
200	0.0602	0.0425	0.038	0.0329	0.03		
250	0.1111	0.0785	0.0701	0.0607	0.0554		

2-12 トラップ

トラップの役割

> **Point**
> ●排水設備は、トラップにはじまり、トラップで終わるといわれています。
> ●トラップが必要だからといくつも付けることは返ってわるくなります。
> よって、「2重トラップは禁止」です。

トラップとは

　排水管や公共下水道などから、不快な臭気や小虫などが排水管を通じて、室内に侵入し、空気の汚染や衛生上支障ある影響をおよぼします。それらを阻止する目的で設置されるのがトラップです。過去にいろいろな装置が考案されましたが、現在唯一残っているものが、**流した水で栓の働きをさせる水封式トラップ**です。しかし、何らかの原因でトラップの水がなくなると臭気が室内に入ってしまいます。

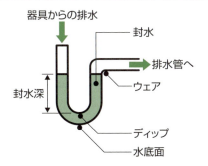

トラップの構造

トラップの必要条件と封水深

　トラップの機能を十分に生かすために必要な条件には次のものがあります。
①完全に下水ガスを遮断し、安定性が必要です。
②構造が簡単で、材質は耐蝕性に優れていなければなりません。
③汚物等が停滞することなく、かつ排水により通水路を洗浄する構造が必要です。

④水封を失いにくい構造が必要です。

トラップの種類

トラップ名称	説明
Pトラップ	広く使用されている形の1つで、これに通気管を設置すれば水封も安定します。
Sトラップ	比較的使用されやすい形ですが、サイホン作用を起こしやすいので、原則的には採用しないほうが望ましい。
Uトラップ	横走配管の途中によく使用されますが、この型は配管中の流れを阻害します。
ドラムトラップ	水封部分が胴状の形をしており、管トラップより多量の水を貯えることで水封が破られにくい構造です。
椀(わん)トラップ	流し、床排水などに多く使用されていますが、中の椀形金物に物が引っ掛かりやすく、そのため、椀を取り外す場合が多くあります。椀を外せばトラップの機能が果たせないため、できれば使用しないほうがよいタイプです。
造り付けトラップ	衛生器具とトラップが一体となっているものです。例えば、大便器などがあります。

封水とは

封水とはトラップ内にある、水で作られた栓の部分をいいます。器具の室内側と排水管側を遮断する役割を持ち、異臭や下水ガスを室内に導入することを防止します。最も単純で確実な方法です。

水を流すたびに封水は入れ替わるため、死水の恐れはありませんが、長時間使用しないとトラップ内の水が蒸発して**封水切れ**となります。

封水深とは、トラップの封水の深さをいいます。水封は深いほど効果は有効ですが、自浄力をなくし、トラップの底に汚泥等が滞留し、悪臭発生源となってしま

います。また、水封が浅いと**破封**（トラップ内の封水がなくなる現象）してしまい、機能を果たさなくなってしまいます。一般的には、50 〜 100㎜が適切とされています。

封水強度

　同じ条件で同時排水器具数を増やしていくと、トラップの種類によって早く封水が破壊されるものと、されにくいものがあります。これを封水強度といいます。**ボトルトラップは封水強度は高く、サイホン式トラップは比較的小さいです。**

トラップの破損現象

　トラップの封水破壊の原因には次のものがあります。
　排水が器具から満水状態で流れ出すと、器具、トラップ、排水管と切れ目なくサイホン管を形成して封水が流れ出てしまう現象の**自己サイホン作用**、そのトラップと共通の排水立管を持つ上部器具の排水が、満水状態で落下した後に低圧空気によって封水が失われる**吸い出し作用**、吸い出し現象と逆の作用で、満水状態で落下した後に高圧空気によって封水が器具外に跳ね出す**はね出し作用**、トラップに糸や毛髪などが引っ掛かったような場合に、毛管現象により封水が失われる**毛管現象**、長時間使用しないでいるとトラップ内の封水が蒸発して失われる**蒸発**といった現象です。
　トラップの構造上の問題もありますが、管内の空気の圧力状態を一定に保つために通気管の設置やあまり使用しない個所には簡単に床排水金物類を設置しないこともその対策となりますのでトラップの選択の際は、住人のライフスタイルを考慮しましょう。

トラップの破損減少

破封現象の名称	説明
自己サイホン作用	器具からの排水のように、トラップと排水管がサイホン管を形成して、トラップ内の封水を失う現象です。
吸い出し作用	排水立管に隣接している箇所で、水の瞬間的な満水状態で流れた時、管内圧力で負圧になり、排水立管に吸い込まれてしまい破封してしまう現象です。
はね出し作用	排水立管内の一時的な多量の排水により、管内が正圧になると、トラップ内にある水がはね出し、破封してしまう現象です。
毛管現象	トラップのウェア部に糸くずや毛髪が、またがって引っ掛かった場合、毛細管現象によって封水が流出してしまう現象です。
蒸発	封水は常に蒸発により損失しています。長時間放置した状態にしておくと、自然蒸発により封水がなくなり、トラップ機能が壊れる現象です。

ダブルトラップについて

　トラップ自体が水で栓をしている状態で、トラップが2つ存在すると排水管内の空気を2つの水栓で塞いでいる状態と同じことになります。上流からいくら排水しても排水管内の空気を押しながら下流側へ流れていくことになります。よって、排水時トラップ同士間で排水管内は加圧された状態になります。

ダブルトラップ

ダブルトラップの悪影響

　単純に水が流れにくいだけではなく、排水器具のトラップが跳出してしまったり、排水管内の臭気が逆流してしまったりします。

2-13 通気管の目的

管内の圧力をコントロールするのが通気管です

> **Point**
> ●通気管は管内の空気の流出入の交通整理役です。
> ●通気管は排水管の換気も受け持ってます。
> ●管径を求める方法に「器具排水負荷単位法」があります。

通気管の目的

　排水管内の排水は、空気と水が混ざった複雑な流れです。非定常な流れによって空気は乱され、管内圧力が正圧になったり負圧になったりします。管内の圧力が負圧であると封水が排水管内に引っ張られて、封水深を超えると封水が切れてしまいます。また、管内圧力が正圧になると、器具から水や洗剤泡が吹き出したりします。

　この現象を緩和するためには、**管内の空気が正圧の場合は逃がし、負圧の場合は空気を供給することが必要です**。この目的を果たすのが**通気管**です。通気管はこの外にも**排水管内を換気する役割**も果たしています。

通気管の口径の求め方

　器具排水負荷単位法により管径を求めます。その手順を説明します。

①各区間の器具排水負荷単位数の累計を求めます。

②各区間の直管長を求めます。

③器具排水負荷単位数と直管長、および汚水または雑排水管の管径から表Aを用いて管径を選定します。

④ループ通気管の管径は、排水横枝管の受け持つ単位数と通気管の長さにより、表Bを用いて選定します。

⑤通気立管は、通気立管に接続している排水管の単位数と、排水立管に接続している通気始点から伸頂通気管の接続点までの通気立管の長さとにより、表Aを用いて選定します。単独に大気に開口する場合は、通気立管の長さは、通気始点から大気開口部までとします。

⑥通気ヘッダは、通気ヘッダに接続する通気立管のすべての単位数の合計と通気管の大気開口部から最も遠い位置にある通気立管の始点までの長さとから表Aより選定します。

通気管径の決定の基本原則

通気管径の算出方法も排水管の場合と同様ですが、その際の基本原則を次に示します。
①通気管の最小口径は30㎜とする。
②伸頂通気管の管径は排水立管の管径より小さくしてはならない。
③ループ通気管の管径は、排水横枝管と通気立管とのうち、いずれか小さいほうの管径の1/2より小さくしてはならない。
④排水横枝管の逃し通気管の管径は、それを接続する排水横枝管の管径の1/2より小さくしてはならない。
⑤各個通気管の管径は、それが接続される排水管の関係の1/2より小さくしてはならない。
⑥湿り通気管に流しうる負荷流量は、その湿り通気管を排水管とみなした場合の1/2とします。
⑦返し通気管の管径は、⑤と同様です。この場合の排水管径は、前述の管径計算で求めた管径より1サイズ以上太い管径とします。
⑦排水立管のオフセットの逃し通気管の管径は、通気立管と排水立管のうち、いずれか小さいほうの管径以上とします。
⑧結合通気管の管径は、通気立管と排水立管のうち、いずれか小さいほうの管径以上とします。
⑨建物の排水槽に設ける通気管の管径は、50㎜以上とします。

2-13 通気管の目的

A 通気管の口径と長さ

(建築設備設計基準・同要領 平成27年版)

汚水または雑排水管の口径(mm)	排水単位	通気管の口径(mm)								
		30	40	50	65	75	100	125	150	200
		通気管の最長距離								
		m	m	m	m	m	m	m	m	m
32	2	9								
40	8	15	45							
〃	10	9	30							
50	12	9	22.5	60						
〃	20	7.8	15	45						
65	42	—	9	30	90					
75	10	—	9	30	60	180				
〃	30	—	—	18	60	150				
〃	60	—	—	15	24	120				
100	100	—	—	10.5	30	78	300			
〃	200	—	—	9	27	75	270			
〃	500	—	—	6	21	54	210			
125	200	—	—	—	10.5	24	105	300		
〃	500	—	—	—	9	21	90	270		
〃	1100	—	—	—	6	15	60	210		
150	350	—	—	—	7.5	15	60	120	390	
〃	620	—	—	—	4.5	9	37.5	90	330	
〃	960	—	—	—	—	72	30	75	300	
〃	1900	—	—	—	—	6	21	60	200	
200	600	—	—	—	—	—	15	45	150	390
〃	1400	—	—	—	—	—	12	30	120	360
〃	2200	—	—	—	—	—	9	24	105	330
〃	3600	—	—	—	—	—	7.5	18	75	240
250	1000	—	—	—	—	—	—	22.5	37.5	300
〃	2500	—	—	—	—	—	—	15	30	150
〃	3800	—	—	—	—	—	—	9	24	105
250	5600	—	—	—	—	—	—	7.5	18	75

B ループ通気横枝管の管径

汚水または雑排水管の口径(mm)	排水単位(この表の数値以下のこと)	ループ通気管の口径(mm)					
		40	50	65	75	100	125
		最長水平距離(この表の数値以下)					
		m	m	m	m	m	m
40	10	6					
50	12	4.5	12				
〃	20	3	9				
75	10	—	6	12	30		
〃	30	—	—	12	30		
〃	60	—	—	48	24		
100	100	—	2.1	6	15.6	60	
〃	200	—	1.8	5.4	15	54	
〃	500	—	—	4.2	10.8	42	
125	200	—	—	—	4.8	21	60
〃	1100	—	—	—	3	12	42

通気管設計用局部抵抗相当長（m）

(SHASE-S 206)

局部名称	管径(mm)							
	32	40	50	65	75	100	125	150
90°エルボ	1.2	1.5	2.1	2.4	3	4.2	5.1	6
45°エルボ	0.72	0.9	1.2	1.5	1.8	2.4	3	3.6
90°T継手(分流)	1.8	2.1	3	3.6	4.5	6.3	7.5	9
90°T継手(直流)	0.36	0.45	0.6	0.75	0.9	1.2	1.5	1.8
135°T継手(分流)	5.1	6.1	8.4	11.7	14.6	20.2	27.3	33
45°T継手(合流)	0.4	0.5	0.7	0.9	1.2	1.6	2.2	2.6

通気管の必要通気管および許容圧力差

(SHASE-S 206)

種別	必要通気量(L／sec)	許容圧力差(Pa)
各個通気管又はループ通気管	排水横枝管の負荷流量と同量	100
通気立管	排水横主管の負荷流量の2倍	250
伸頂通気管又は通気横主管	排水横枝管の負荷流量の2倍	250
排水タンク	排水横枝管の負荷流量の3倍又はポンプ排出量のいずれか大きい方を採用する。	250

2-14 排水・通気配管方法
排水システムの仕組み

> **Point**
> - 排水システムは排水管と通気管の適切な組み合わせによって成立します。
> - 排水管にはその配管材に適した継手を使用します。
> - 排水配管の勾配を忘れずに適切に施工しましょう。

排水配管の方法

　排水システムは排水管と適切な通気管によって成り立っています。排水は重力で排除しますので、配管には各種の工夫がしてあります。**横引き排水管には勾配を設けます**。配管する場合は、曲がりや合流部には専用の**排水管用継手**を用い、円滑に流れるように曲げ半径を大きく、45°以下の角度で合流するようにしています。

　排水立管と排水横枝管の接続も**排水用継手**を用い、またそれらを組み合わせて円滑に排水できるようにしています。

　排水には固形物が含まれ、詰まりの原因となりやすいので、**配管の曲がり部、合流部、長い直管の途中などに掃除口を設けます**。

排水管の標準勾配と最小勾配

▼排水が円滑に流れるよう、配管には勾配を設けます。

管径 (mm)	勾配	
	屋内排水管	屋外排水管
75以下	最小　1/50	最小　1/50
100	最小　1/100	最小　1/100
125	最小　1/100	最小　1/125
150	最小　1/100	最小　1/150
200以上	最小流速0.6m/sec以内	最小流速0.6m/sec以内

SHASE-S 206

通気配管の方法

通気管にも勾配を付け、水滴が自然に流下するように設けます。通気管を横引く場合は、排水が侵入しないように、その階の最高位の器具のあふれ縁より150㎜以上上方で行います。また、排水管から通気を取り出す場合は斜め45°以上、上方で行います。

大気開口部は、通気網を設けて鳥や害虫が通気管に入らないようにし、また屋上面の雨水などが浸入しないように、屋根面より200㎜以上立ち上げます。また、開口部から悪臭を出す場合がありますので、窓や軒下付近には設けないようにしてください。

各種通気方式の特徴

項目	単管式排水システム	二管式排水システム ループ通気方式	二管式排水システム 各個通気方式
許容流量	小	大	大
100㎜立管の許容流量*	4.6(3.9)L／sec	9.0(6.7)L／sec	9.0(6.7)L／sec
75㎜立管の許容流量*	2.1(1.8)L／sec	4.2(3.1)L／sec	4.2(3.1)L／sec
自己サイホン作用の防止	×	×	○
設置階数の制限	30m以下とする	特にない	特にない
設置コスト	小	中	大
施工の難易	易	中	難
主な用途	集合住宅(同一階の接続器具数は少ない)	用途に制限はない	用途に制限はない
その他	主にヨーロッパで普及	日本で普及	アメリカで普及

（注）＊SHASE-S 206による。主として器具排水を受ける場合で、(　)内は連続排水を受ける場合です。

2-15 雨水処理と雨水配管

雨水は配管で排除します

> **Point**
> ●雨水は建物の所有者が排除しなければなりません。
> ●雨水配管は雨水立管と雨水横管からなり、屋外で敷地排水管に接続しています。

雨水処理

建物や敷地に降った雨水は、その建物などの所有者が排除しなければなりません。敷地が土の場合にはそのまま浸透させることもありますが、**都市部では舗装部が多く浸透が困難なため、格子蓋の付いた集水ますなどを設け配管で排除します**。

地方自治体では、雨水流出抑制施設の設置を推進し、都市型集中豪雨対策として地中に浸透させたり貯水施設を設置したりしています。建築確認時に行政よりの指導があるので遵守してください。

雨水配管

ルーフドレンは雨水配管に雨水を導く流入口であり、屋根面の低い個所に取り付け、ごみが入らないように荒いスクリーンが付いています。

雨水配管は雨水立管と雨水横管からなり、屋外で敷地排水管に接続しています。雨水管内の雨量は満流に近い場合もありますので、雨水立管を一般の排水立管に接続したり、通気管として利用したりしてはなりません。

また、合流式の下水道では、雨水管と汚水管などを接続して排除しますが、建物内での接続は避け、屋外のますなどで接続するのが理想的です。また、雨水管を合流式の敷地排水管に接続する場合は、雨水管の最下流部にトラップを設けます。

排水設備の配管材料

排水設備に使用する主な管・継手類を示します。表中の〇印は、主な適用品です。使用する部位別に、管名称ごとに列記しました。

戸建住宅では、給水管と同じように硬質塩化ビニル管が使用されています。ビルでは汚水配管には鋳鉄管が、雑排水管には配管用炭素鋼鋼管が使われてきましたが、最近では軽い薄肉の硬質塩化ビニルライニング鋼管や樹脂コーティングをした鋼管などが使用されています。屋外の土中の配管には腐食しない硬質塩化ビニル管が主流です。

一般の建物の通気管には、配管用炭素鋼鋼管や硬質塩化ビニル管が使われています。

排水・通気設備に使用する主な管・継手類

	名称		屋外埋設	屋内配管	トレンチ・ピット内	住戸内配管	屋外露出配管	備考
管類	配管用炭素鋼鋼管	JISG3452		○	○	○	○	
	排水用タールエポキシ塗装鋼管	WSP 032		○	○	○	○	SGP−TA
	排水用硬質塩化ビニルライニング鋼管	WSP 042		○	○	○	○	D−VA
	硬質塩化ビニル管	JISK6741		○	○	○	○	VP
	排水用耐火二層管	FDPS−1		○		○		
	遠心力鉄筋コンクリート管	JISA5303	○					外圧管1種のB形
	陶管	JISR1201	○					
	メカニカル形排水用鋳鉄管	HASS 210		○				
継手	ねじ込み式排水管継手	JISB2303		○	○	○		
	排水鋼管用可とう継手	MDJ 002		○	○	○		
	排水用硬質塩化ビニル管継手	JISK6739		○	○	○		コア継手
	排水用耐火二層管継手	FDPS−2		○	○	○		
	遠心力鉄筋コンクリート管用異形管	JISA5303	○					
	陶管	JISR1201	○					
	メカニカル形排水用鋳鉄管	HASS 210		○	○			

流し類で熱湯を使用する場合は排水管の材質に注意しましょう！

2-16 衛生器具の概要

衛生器具の種類と選定方法

> **Point**
> ●給水器具、水受け容器・排水器具などの総称が衛生器具です。
> ●寒冷地での衛生器具の選択には、凍結対策が必要です。
> ●省エネ機器を積極的に採用しましょう。

衛生器具概要

　衛生設備とは、水または湯を供給する給水器具や、洗い物を受け入れたり、汚物を受け入れて排出するために設ける水受け容器・排水器具および付属品などを総称した名称です。

　衛生器具に関する種類、形状、寸法、材質、機構、耐圧などのほとんどは、日本工業規格（JIS）で定められています。

衛生器具の選定

選定の基本条件は次の5つです。

● **使用者に対する適応**
　乳幼児、学童、老人や身障者など使用者に適応した器具を選定します。

● **地域に対する適応**
　寒冷地では、凍結破損の恐れがありますので、寒冷地用器具を採用するなどの**寒冷地対策**をする必要があります。

● **建物に対する適応**
　建物の種別や用途に応じて、器具を選定します。利用者の使用しやすい器具を、またメンテナンスの容易な器具を選定する考慮が必要です。

● 規格に対する適応

　衛生器具は、給水設備、排水設備との接点がありますので、上水を汚染させない器具等の配慮や、室内を衛生的に保つことが重要です。そのためには、建築基準法、地方自治体の条例や日本水道協会規格・JIS 規格品等に適合したものを選定しなければなりません。

● 省エネに対する適応

　衛生器具には、節水装置を設け、水資源の有効利用を図ります。

衛生器具数の考え方

　設置すべき器具の数は、その建物の用途やグレード、人員数と利用形態、経済性および利用者の利便性などを考慮して決定されます。

　必要器具数とは、最低限必要とされる器具の数です。適正器具数とは、待ち時間などを評価に加え、さらに余裕をもって決定される器具の数です。その算定には、サービスレベルという考え方を導入します。

　建物種別により、適当と思われる器具数の算出の目安がありますが、使い勝手によりその状況が変わりますので、発注者との協議を行い、その数の確認を行ってください。所定の器具数を算出しても、建物の特性、経済性および施工性を考慮して最終数量を決定してください。

　学校の場合、旧文部省基準では「小便器数は男子生徒 25 人に 1、大便器数は男子生徒 50 人および女子生徒 20 人にそれぞれ 1」と決められています。

　その他の建物種別による主なものを次ページに示します。

器具や水栓には節水タイプがあります。選定の際には気を付けて！

2-16 衛生器具の概要

法規等による所要器具数

建物種別	適用法規等名称	区分	最小器具数(個) 大便器	最小器具数(個) 小便器	備考
作業所・事業場	労働安全衛生規則	男子	労働者数／60	労働者数／30	同時に就業する労働者数です
		女子	労働者数／20		
事務所	事務所衛生基準規則	男子	労働者数／60	労働者数／30	
		女子	労働者数／20		
事業附属寄宿舎（第1種寄宿舎）	事業附属寄宿舎規程	寄宿者数 100人以下	寄宿者数／15		
		101〜500人	7+(寄宿者数-100／20)		
		501人以上	27+(寄宿者数-500／25)		
単身者共同宿舎	住宅金融公庫融資住宅建設基準		階の収容人員／8（男子最小1）（最小1）＊洗面設備は各階に階の収容人員／15 給水栓1個以上		便所・洗面所は階ごとに設ける
幼稚園	幼稚園設置基準	79人以下	幼児数／20	同左	
		80〜239人	4+(幼児数-80／30)	同左	
		240人以上	10+(幼児数-240／40)	同左	
保育所	児童福祉施設最低基準	男子	幼児数／20	幼児数／20	
		女子	幼児数／20		
劇場・映画館・演芸場・観覧場・公会堂・集会場	東京都建築安全条例	階の客席床面積			・男子の大便器+小便器数と女子便器数は同数とする。・男子の大便器は小便器5個以内ごとに1個設ける。
		300m²以下	客席床面積／15		
		300〜600m²	20+(客席床面積-300／20)		
		601〜900	35+(客席床面積-600／30)		
		901m²以上	45+(客席床面積-900／60)		

2-17 衛生器具のいろいろ

水栓類、大便器、小便器、洗面器、ユニットバス、流し類の系統

Point
- 衛生器具は多種多様です。それぞれの特徴を理解しましょう。
- 選定の基本は適材適所です。
- 身障者や小児用を考えて検討することが大切です。

水栓類

水栓は、立水栓などのように衛生器具に取り付けて使用するもの以外に、横水栓やシャワーバス水栓のように単独で使用するものなど種類が多くあります。その一般的なものは、日本工業規格（JIS）で種類・構造が定められています。

水栓類

自在水栓
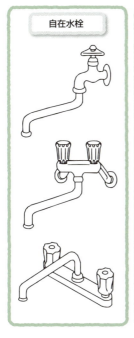

泡沫水栓

泡沫混合水栓
内ねじ式泡沫水栓

大便器

大便器には、和風便器と洋風便器に大別されます。さらに機能によって次のように分類することができます。

大便器の種類

大便器の種別	特徴と使用上の留意点
洗出し式	和風便器に使用。臭気発散多い。和風は公衆用で多く利用されます。
洗落し式	洗出し式より排出力・臭気発散では優れているが満足度はない。だが、安価なため普及形便器といえます。
サイホン式	洗出し式に比べ排出力が強力で臭気の発散も少ない。優れた機能を発揮する便器です。
サイホンゼット式	留水面をサイホン式よりさらに大きく、臭気の発散や汚物の付着がほとんどなく、極めて優れた便器です。
ブローアウト式	排水路が大きく、詰まりがなく、洗浄力も強力ですがフラッシュ弁専用で、高水圧が必要となります。ロータンクとの組み合せは不可能です。

洗浄方式の種類

洗浄方式の別	特徴と使用上の留意点
ロータンク方式	給水管が13mmで低水圧でも使用でき一般家庭に適した方式です。便器の洗浄水量は、種類によって異なりますが、現在では節水形が主流であり、サイホン作用を利用したものでも、1回の洗浄水量を8Lに抑えられたものもあります。
洗浄弁方式	連続使用ができるので、ホテルや事務所向きです。瞬間的に多量の水が必要なため、給水管径や水圧が適切でないと洗浄不良をきたしますので注意が必要です。
ハイタンク方式	洗浄効果は、ロータンク方式に準じますが、洗浄音やタンクよりの結露水の問題もあり、あまり多くは採用されていません。

便器の洗浄は節水タイプが主流です。

小便器

小便器は次のように分類することができます。

小便器の種類

小便器の種別	特徴と使用上の留意点
壁掛小便器	壁に取り付ける壁掛式のもので、普及品として使用されています。連立する場合は、仕切り板を併設します。
ストール小便器	床に据え置くそで付小便器で、大形、中形、小形の3種類があります。たれ受けが低いので子供から大人まで使用でき、パブリック用として多く使用されています。施工も容易な着脱式トラップ付小便器をお勧めします。
壁掛ストール小便器	壁に取り付けるそで付小便器で、大形、中形、小形の3種類がある。大形のものは、ホテルや事務所ビルの便所に多く使用されています。
筒形小便器	床に据え置く筒形の小便器です。形状が筒形なので、店舗等での使用が多い。ただし、トラップなしなので、施工に難があります。

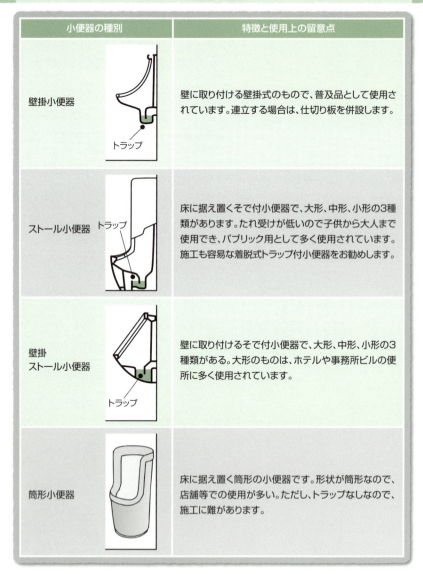

洗面器

洗面器は次のように分類することができます。

洗面器の種類

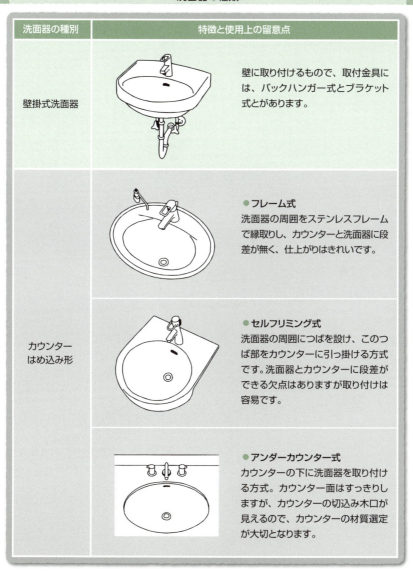

洗面器の種別	特徴と使用上の留意点
壁掛式洗面器	壁に取り付けるもので、取付金具には、バックハンガー式とブラケット式とがあります。
カウンターはめ込み形	●フレーム式 洗面器の周囲をステンレスフレームで縁取りし、カウンターと洗面器に段差が無く、仕上がりはきれいです。 ●セルフリミング式 洗面器の周囲につばを設け、このつば部をカウンターに引っ掛ける方式です。洗面器とカウンターに段差ができる欠点はありますが取り付けは容易です。 ●アンダーカウンター式 カウンターの下に洗面器を取り付ける方式。カウンター面はすっきりしますが、カウンターの切込み木口が見えるので、カウンターの材質選定が大切となります。

ユニットバス

　ユニットバスとは、工場であらかじめ天井・浴槽・床・壁などを成型しておき、現場に搬入した後にそれらを組み立てる浴室のことです。

　タイルを一枚一枚張って作る在来工法の浴室と比べ、**短時間での施工が可能な上に階下への水漏れのリスクが少ないこと**から、戸建住宅やマンション、アパート、ホテルなどさまざまな建築物に用いられています。

　最近では、サイズや機器機能が充実した「システムバス」と呼ばれているものもあります。

ユニットバス

TOTO システムバス「サザナ」
写真提供：TOTO 株式会社

流し類

流し類は次のように分類することができます。

流し類の種類

衛生器具名	特徴と使用上の留意点
掃除流し	床掃除のモップを洗ったりその他の雑用に使用される。
汚物流し	病院などで、おまるや尿瓶などの洗浄に使用されます。
実験用流し	病院や学校、研究室などで使用されるもの。ドラムトラップ等との組み合せに注意が必要となります。
洗髪器	理容院、美容院で使用するもので、湯水混合栓とヘアートラップに注意します。
温水洗浄便座	肛門洗浄やビデ機能を備えた大便器用の便座です。温水洗浄のほか、温風乾燥、暖房便座機能を備えたものがあります。

2-18 高齢者の設備

高齢者の設備のポイント

> **Point**
> ● 自宅でも公共施設でも「共通ルール」にのっとって計画しましょう。
> ● トイレと浴室計画は高齢者対策を最優先に考えましょう。
> ● スペースだけでなく手すりや小物にも配慮します。

高齢者と設備

　高齢者社会を迎え、ますます需要の高まっている高齢者用建築設備は、誰でも安心して暮らせることが目的です。

　今は必要ないと思っている人でも、将来を考えて**段差のないバリアフリー**や介護のために廊下を広めたりと、工夫や準備を考えておくことも一考です。この思いは、住まいにとどまらず、外出先や職場・学校などのパブリックな生活空間でも同じです。

　そのために、ハード面においてもソフト面においても細かく気を使い、高齢者対策をしていかねばなりません。

　トイレは、自宅でも公共施設でも、誰もが使いやすいことが大切です。トイレまわりの操作系設備（紙巻器、便座洗浄ボタン、呼出ボタン）の共通ルールが、**JIS S 0026（高齢者・障害者配慮設計指針）**として制定され、**バリアフリー新法**に関連した各種ガイドラインにも当 JIS が盛り込まれています。今後はトイレ作りに関しては、この「共通ルール」に則った計画を推進していきましょう。

高齢者用建築設備のポイント

　高齢者が使いやすい設備選定のポイントを以下にて示します。使いやすさ・快適さを考える際の 5 原則です。

● **姿勢・動作がラク**
　姿勢や体の動きに無理がなく、長時間でも疲れないことです。

● **分かりやすく、簡単な操作**
　操作スイッチの場所や機能の違いが分かりやすく、操作の手順がすぐに分かり、操作そのものも軽い力でできたり、操作が簡単なことです。

● **使用者の違い・変化に対応**
　後から機能が追加できたり、使用者の違いなど、変化に柔軟に対応できることです。

● **快適**
　身体に有害なものがないことはもちろんですが、生理的な不快感がなく、温度や明るさなど身体への負担が少ないことです。

● **安全・安心**
　絶対事故が起きない配慮がされていることです。

高齢者用建築設備

浴槽背後に移乗台を設けると座りまたぎが可能

浴槽のまわり2方向以上をオープンにすると、介護者のサポートが可能

2-19 し尿浄化槽設備と排水基準

公共下水道の有無で、生活排水の処理体系は異なります

Point
- 単独処理浄化槽は廃止とし、すべて合併処理浄化槽にしましょう。
- 浄化槽の大きさは処理対象人員から決めます。
- 浄化槽の処理性能はBOD除去率で決まります

し尿浄化槽とは

公共下水道以外に放流しようとする場合は、衛生上支障がない構造のし尿浄化槽を設けなければなりません。

生活排水の処理体系は次のとおりです。公共下水道が整備されているか否かによって、生活排水の処理体系は違います。**公共下水道が整備されていない地域では、トイレの汚水と台所などの雑排水を合併浄化槽で処理し、公共用水域（側溝、河川、湖沼、海など）に放流します。浄化槽には、汚水のみを処理する単独処理浄化槽と、汚水と雑排水を処理する合併処理浄化槽があります。**現在は環境保護のため単独処理浄化槽は廃止されています。

生活排水は、端末の公共用水域へ放流されますが、その公共用水域の環境保全のために、それぞれの水域には、**排水放流性能が規制されています**。計画に際しては、行政との協議・打ち合わせが必須となります。

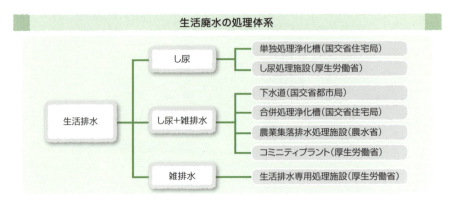

生活廃水の処理体系

生活排水の排水基準

し尿浄化槽には、排水基準という基準はありません。排水基準に代わるものとして性能があり、この性能を通常排水基準のように用いています。**放流水の水質に関しては、建築基準法施行令第 32 条に規制**されています。

次に、汚物処理性能に関する技術的基準を示します。

表に掲げる区域および処理対象人員の区分に応じ、それぞれ同表に定める性能を有するものでなければなりません。

生活排水の排水基準

合併処理浄化槽を設ける区域	処理対象人員[人]	性能 生物化学的酸素要求量の除去率[単位:%]	性能 浄化槽からの放流水の生物化学的酸素要求量[単位:mg/L]
特定行政庁が衛生上特に支障があると認めて規則で指定する区域	50以下	65以上	90以下
	51以上500以下	70以上	60以下
	501以上	85以上	30以下
特定行政庁が衛生上特に支障がないと認めて規則で指定する区域		55以上	120以下
その他の区域	500以下	65以上	90以下
	501以上2000以下	70以上	60以下
	2001以上	85以上	30以下

（注1）この表における処理対象人員の算定は、国土交通大臣が定める方法により行うものとする。
（注2）生物化学的酸素要求量の除去率とは、浄化槽への流入水の生物化学的酸素要求量の数値から放流水の生物化学的酸素要求量の数値を減じた数値を浄化槽への流入水の生物化学的酸素要求量の数値で除して得た割合をいう。

主なし尿浄化槽設備の用語

浄化槽を理解するうえで、理解が必要な用語を解説します。

●BOD

水の汚濁状態を表す有機汚濁指標の1つ。生物化学的酸素要求量のこと。水中の有機物は好気性微生物の作用を受けて少しずつ酸化、分解され、安定化していきますが、この過程で消費される酸素量をBOD値といいます。この値が大きいほど汚濁が著しいことを示します。

●BOD除去率

流入排水中のBODのうち、処理装置等の中で除去された割合です。次式で算出します。

$$BOD除去率（\%）=\frac{（流入BOD濃度 - 流出BOD濃度）}{（流入BOD濃度 \times 100）}$$

※濃度の単位は、mg/L

●BOD量

対象とする水の中に含まれるBODの総重量です。次式で算出します。

$$BOD量（kg/日）=\frac{流入汚水量（m^3/日）\times BOD濃度（mg/L）}{1000}$$

●FRP

ガラス繊維強化プラスチックの略称です。工場生産型の浄化槽の大部分がこれを材料としています。FRP製浄化槽の利点は、成型が容易、大量生産向き、軽量であるため運搬が容易で、施工が容易です。欠点としては、集中した荷重に弱く、浄化槽の埋め戻し時や、運搬時に1点に荷重がかからないようにする必要があります。

● pH

溶液中の水素イオンの濃度を水素イオン濃度指数といいます。pH7で中性、pH＜7で酸性、pH＞7でアルカリ性です。特殊な例をのぞいて河川水などの表流水は中性付近の値を示します。

● SS

水中に浮遊する物質の量をいいます。水の濁りの原因となり、SSが大きくなると魚類に対する影響が現れました。

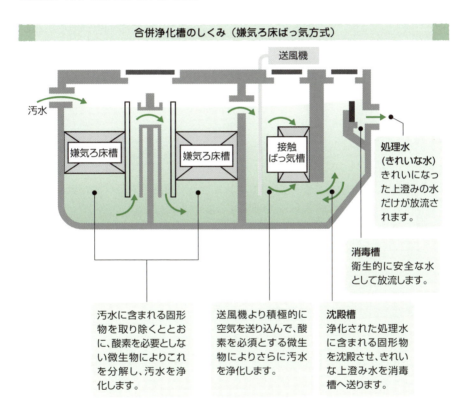

合併浄化槽のしくみ（嫌気ろ床ばっ気方式）

2-20 都市ガスと液化石油ガス（LPガス）

ガスの特徴を理解しましょう

> **Point**
> ● 都市ガスは地域ごとに種類が違います。必ず確認してください。
> ● ガス機器には適合するガスの種類がラベル表示されています。
> ● LPガスボンベは火気と2m以上の離隔距離を取ってください。

都市ガスと液化石油ガス（LPガス）

建物に供給されるガスには、都市ガスと液化石油ガス（LPガス）の2種類があります。LPガス設備の基本的な考え方は、都市ガス設備と同様です。

都市ガスの種類

ガス機器は、その機器に適合した種類のガスでないと安定した燃焼ができず危険な事故の元となります。ガス機器には，適合すべきガスの種類が表示されていますので、使用される地区でのガスの種類の確認が必要で、必ずその種類に適合したガス機器を選定しなければなりません。全国で使用されているガスの種類と供給地区を表に示します。

ガス事業法では、これらの**都市ガスを比重、熱量、燃焼速度の違いにより区分**しています。全国で238のガス事業者（平成12年3月現在）があり、ガスの種類は7種類となっています。

燃焼性等によるガスグループ区分

供給されるガスには、複数の種類が使用されています。

現在、すべてを13Aに統一するところです。この13Aなどのガス規格の意味は、数字で熱量を、A、B、Cの文字で燃焼速度を表しています。

・1m³ 当たりの発熱量
　13は、46.04655～43.14MJ（メガジュール）
　12は、41.8605MJ

・燃焼速度
　Aは遅い、Bは中間、Cは速い

燃焼速度の区分が不適切な場合は非常に危険です。燃焼速度の遅いガス器具に燃焼速度の速いガスが供給されると、バーナ外部で燃えずに内部で燃えることになり過熱事故を引き起こします。その地域のガス供給会社のガス種を必ず確認しておきましょう。

ガスの種類

種類	ガスグループ	ウォッベ指数	燃焼速度の範囲
1	13A	52.7〜57.8	35〜47
2	12A	49.2〜53.8	34〜47
3	6A	24.5〜28.2	34〜45
4	5C	21.4〜24.7	42〜68
5	L1(6B、6C、7C)	23.7〜28.9	42.5〜78
6	L2(5A、5B、5AN)	19〜22.6	29〜54
7	L3(4A、4B、4C)	16.2〜18.6	35〜64

主なガス事業者の供給ガスの種類

ガス事業者	ガスの種類	発熱量(MJ/m³)	供給区域
北海道ガス	13A	45	札幌市、石狩市、小樽市、千歳市、函館市、北見市など
東京ガス	13A	45	東京都、千葉県、神奈川県、埼玉県、栃木県、茨城県など
東京ガス	12A	41	千葉県四街道市の一部
東邦ガス	13A	45	名古屋市、春日井市、東海市、岐阜市、知多市など
大阪ガス	13A	45	大阪市、神戸市、京都市、奈良市、大津市、和歌山市など
西部ガス	13A	45	福岡市、北九州市など
西部ガス	13A	46	熊本、佐世保、長崎、島原など

(注)必ずその地域のガス供給会社でガス種を確認してください。また天然ガスへの変換工事も進められていますので、切替完了時期も確認してください。

2-21 ガスの供給方式

供給方式と所有区分

> **Point**
> ● ガス機器には適合するガスの種類がラベルに明示されています。
> ● ガスメーターは安全装置付マイコンメーターにしましょう。
> ● 都市ガスの所有区分は敷地境界線で区切られます。

都市ガスとLPガス

都市ガスは、道路に埋設されたガス本管よりガスメーターを経て使用するガス器具へ配管にて供給されます。各地域によってガスの種類と発熱量が違いますので注意が必要です。

LPガスは、天然ガスを冷却液化したもので、一般にボンベに詰めて供給されます。貯蔵や取り扱いが容易で、都市ガス供給のない地域で広く使用されています。

都市ガスは、道路に埋設された都市ガス本管より敷地内へ引き込まれガスメーターを経て使用するガス機器へ配管供給されます。**都市ガスの場合、所有区分は水道設備とは異なり、敷地境界線で区分**されます。道路側はガス会社の負担所有権（財産）となり、敷地内が使用者所有権（財産）となります。ただし、ガスメーターはガス会社からの貸与品となります。

LPガスは、天然ガスを冷却液化したものをボンベに詰めて、使用個所へ供給されます。このガスは常温でも加圧すれば簡単に液化することができます。少量ならば貯蔵や取り扱いが容易ですが、貯蔵能力1000kg（50kgボンベの場合は20本）以上を貯蔵する場合は、「液化石油ガス貯蔵基準」の適用を受けます。

LPガスの所有区分は、ボンベから調整器を経てマイコンメーターまでの供給管を含む範囲はプロパンガス供給業者側の所有となり、**メーター以降の使用する各ガス機器までの機器と配管は消費者側の所有**となります。

2-21 ガスの供給方式

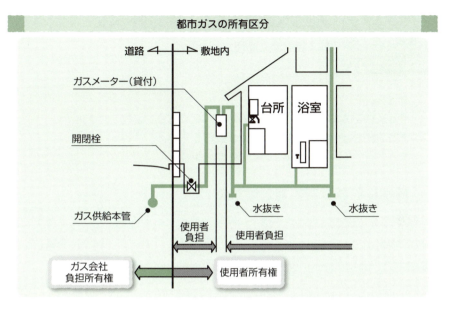

都市ガスの所有区分

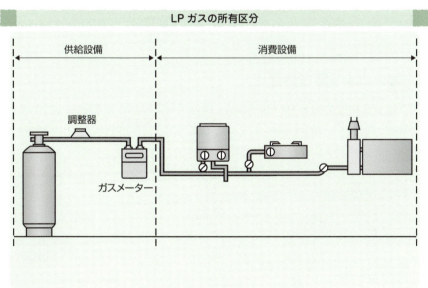

LPガスの所有区分

2-22 ガス機器と給排気

ガスを安全に燃焼させる条件

> **Point**
> ●ガス機器と給排気方式を間違えないでください。
> ●事故防止のために換気設備が必要なものもあります。
> ●メーカーの取り扱い説明書を必ず読んでください。

燃焼に必要な空気量と換気量

ガスを安全に燃焼させるためには、新鮮な空気の供給と燃焼によって**発生した排ガスを排出**しなければなりません。また、供給されるガスの種類に**適合したガス機器**でなければ、安定に燃焼させることはできません。

ガス機器の分類および給排気

ガス機器の分類方法としては、厨房、給湯、冷暖房などの用途別に分類する方法と、ガス機器の給排気方式から分類する 2 つの方法があります。

ガスによる事故の原因

ガスによる事故の約 8 割は漏洩事故、爆発・火災事故が 2 割となっています。発生件数は平成 17 年中のデータでは 1,134 件。うち、都市ガスにかかわるものが 621 件、LP ガスにかかわるものが 513 件でした。事故発生場所別にみると、消費先におけるものが 870 件（ガス事故全体の 76.7％）、ガス導管等消費先以外におけるものが 264 件（同 23.3％）です。

消費先において発生した事故を発生原因別にみると、コックの誤動作・火の立ち消え等発生源因が消費者に係る場合が 458 件、ガス事業者・工事業者に係る場合が 106 件、その他の原因が 306 件であり、うち、都市ガスでは消費者に係る場合が 224 件、ガス事業者・工事業者に係る場合が 52 件、その他の原因が 135 件です。LP ガスでは、消費者に係る場合が 234 件、ガス事業者・工事業者に係る場合が 54 件、その他の原因が 171 件となっています。

2-22 ガス機器と給排気

ガス機器の分類

設置場所	ガス機器の分類	給排気方式	給排気方法の内容
屋内	開放式ガス機器		燃焼用の空気を屋内から取り、燃焼排ガスをそのまま屋内に排出する方式。
屋内	半密閉式ガス機器	自然排気式（CF式）	燃焼用の空気を屋内から取り、自然通気力により燃焼排ガスを排気筒を用いて屋外に排出する方式。
屋内	半密閉式ガス機器	強制排気式（FE式）	燃焼用の空気を屋内から取り、燃焼排ガスをファンを用いて強制的に排気筒から屋外に排出する方式。
屋内	密閉式ガス機器	自然給排気式（BF式）	給排気筒を外気に接する壁を貫通して屋外に出し、自然通気力によって給排気を行う方式。
屋内	密閉式ガス機器	強制給排気式（FF式）	給排気筒を外気に接する壁を貫通して屋外に出し、ファンにより強制的に給排気を行う方式。
屋外	屋外用ガス機器	自然排気式	自然通気力で排気を行う方式。
屋外	屋外用ガス機器	強制排気式	ファンで強制的に排気を行う方式。

ガス事故防止の安全設備

安全設備	設置場所	対策内容
マイコンメーター	配管	地震、配管・接続具・ガス機器からの漏洩、ガス機器の消し忘れ
緊急ガス遮断装置（ESV）	配管	地震、漏洩、火災など
引込管ガス遮断装置	配管	地震、漏洩、火災など
業務用自動ガス遮断装置	配管	地震、漏洩、火災など
ヒューズガス栓	ガス栓	ガス栓の誤開放、ゴム管・ガスコードの外れ
立ち消え安全装置	ガス機器	煮こぼれなどによるガス機器の立ち消え検知・停止
不完全燃焼防止装置	ガス機器	ガス機器の不完全燃焼の検知・停止
ガス漏れ警報器	建物内	ガス漏れの検知・警報、連動遮断
CO警報器	建物内	COの検知・警報、連動遮断（ガス漏れ警報器との一体化が多い）
ポリエチレン管	配管	腐食、地震、不等沈下、折損防止

2-23 消火設備の種類

消火の原理と火災の種類

> **Point**
> ● 火災の原因を取りのぞくことが消火です。
> ● 火災には大きく分けて5つの種類があります。
> ● 消火器には適応する火災が分かるマークが表示されています。

消火の原理

火災は燃えるものです。酸素や着火エネルギーが同時に存在する場合に生じるわけですから、この火災の原因を1つでも取りのぞけば、消火になります。

よって、①**燃えようとするものを取りのぞく**、②**燃えているものの温度を下げる**、③**酸素の濃度を下げる**、④**燃えている液体を水などで希釈する**、⑤**燃えるものと酸素との化学反応で火災を止めようとする働きをする。負接触作用を有する物質による消火方法（例：ハロゲン化物消火）**、が消火の原理別方法です。実際は、これらの要因がいくつか重なって火が消えます。

火災の種類

火災には、大きく分けて4つの種類があります。

A 火災……紙、木材、繊維などの火災で、最も一般的な火災。
B 火災……油、アルコールなどの燃える液体の火災。
C 火災……電気機器によって生じる火災で、電気火災とも呼ばれる。
その他火災……金属の化学反応、ガス等による火災。

消火器には、3種類の円形マークが表示されています。
A 火災：白地に黒文字
B 火災：黄色地に黒文字
C 火災：青地に白文字

写真提供：能美防災株式会社

消火設備の種類

どのような建築用途に、どんな消火設備を設けなければならないのかは、消防法という法律で定められています。

消防法では、消防用設備等と呼ばれ、下表のように分類されます。

消火設備の種類

消防用設備等の種類	大分類	小分類
消防の用に供する設備	消火設備	消火器
		水バケツや乾燥砂などの簡易消火器具
		屋内消火栓設備
		スプリンクラー設備
		水噴霧消火設備
		二酸化炭素消火設備
		ハロゲン化物消火設備
		粉末消火設備
		屋外消火栓設備
		動力消防ポンプ設備
	警報設備	略
	避難設備	略
消防用水		防火水槽または貯水池など
消火活動上必要な施設		排煙設備
		連結送水管
		連結散水設備
		非常コンセント設備
		無線通信補助設備

2-24 消火設備

消火設備にはたくさんの種類があります

> **Point**
> ● 屋内消火栓設備は建物の内部に発生した火災を消火する設備です。
> ● スプリンクラー設備はスプリンクラーが熱を感知すると散水して消火する設備です。

消火器の設置個数算出基準

消火器は、初期の火災を消すための可搬式の消防用設備です。

消火器の設置個数算出基準を示します。

消火器の設置個数算出基準

防火対象物の区分		能力単位の算出式	備考
A	面積の如何にかかわらず設けるもの	能力単位の数値の合計数≧延べ面積または床面積／50㎡	1）主要構造部が耐火構造で、かつ内装制限した防火対象物は、算出式の分母の面積を2倍とする。 2）火災区分に適応する消火器を設置する。 3）階ごとに設置するとともに、防火対象物の各部分から歩行距離20m以内に設置する。 4）電気設備がある場所、多量の火気を使用する場所に設けるものはFおよびGによる。なお、この場合には設備のある各部分から歩行距離20m以内に設置する。 5）指定可燃物の数量が単位数量の500倍以上となる場合には、適応する大型消火器を階ごとに設置するとともに、防火対象物の各部分から歩行距離30m以内に設置する。 なお、A〜Dと同一となる場合には大型消火器の有効範囲内は能力単位を1／2に減少できる。
B	延面積150㎡以上のもの、または床面積50㎡以上のもの	能力単位の数値の合計数≧延べ面積または床面積／100㎡	
C	延面積300㎡以上のもの、または床面積50㎡以上のもの	能力単位の数値の合計数≧延べ面積または床面積／200㎡	
D	少量危険物を貯蔵し、または取り扱うもの	能力単位の数値の合計数≧危険物の数量／危険物の指定数量	
E	指定可燃物を貯蔵し、または取り扱うもの	能力単位の数値の合計数≧指定可燃物の数量／指定可燃物の単位数量×50	
F	電気設備のある場所	床面積100㎡ごとに1個以上設定する	
G	ボイラ室等多量の火気を使用する場所	能力単位の数値の合計数≧その場所の床面積／25㎡	

屋内消火栓設備

屋内消火栓設備は、放水量および有効射程が大きいので、消火器では消火不可能な段階の消火を目的として屋内に設置され、**建物の内部に発生した火災を人が操作することによって消火する設備**です。

水源、消火ポンプ、起動装置、屋内消火栓（開閉弁、ホース、ノズル等）、配管、弁類、非常電源等から構成されています。

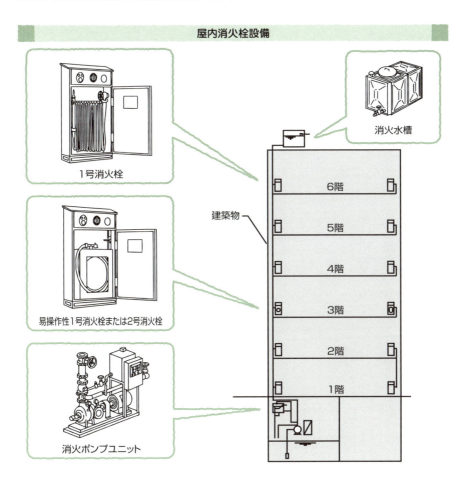

屋内消火栓設備

スプリンクラー設備

スプリンクラー設備は、火災の際に熱を感知すると開くスプリンクラーヘッドから散水して消火する設備です。**不特定多数の人が来る、ある程度以上の規模のデパート、ホテル、劇場、病院、地下街および地上11階以上の建物に設けられます。**

設備の構成は、水源、消火ポンプユニット、消火用水槽、配管、自動警報弁などの弁類、スプリンクラーヘッド、非常電源等です。

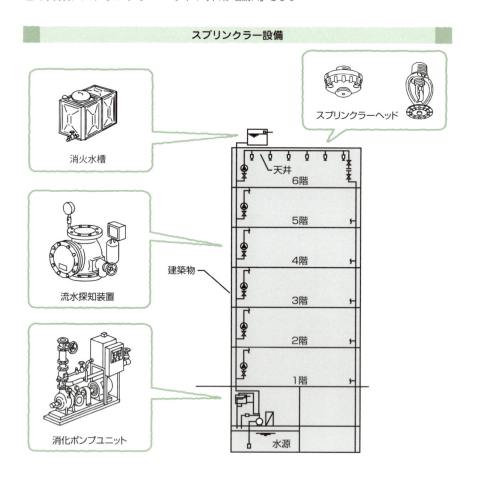

スプリンクラー設備

その他の主な消火設備

● 屋外消火栓設備

　火災の消火は、屋外から行う方が安全で容易な場合があります。スプリンクラー設備などが設置されていない、広い床面積の建物の 1 階および 2 階の設備として設置するのが屋外消火栓設備です。建物の高い階の消火には不向きです。設備の構成は、屋内消火栓とほとんど同じです。

● 泡消火設備

　水噴霧消火設備、二酸化炭素消火設備、ハロゲン化物消火設備、粉末消火設備と共に特殊消火設備とも呼ばれ、水を掛けても消えない、あるいは水を掛けることが適当でない B 火災や C 火災の消火に使用されます。**泡消火設備は B 火災の設備**です。燃えているものに泡をかけて酸素を遮断します。広い地下駐車場に設置されます。

● 粉末消火設備

　B 火災あるいは C 火災に適用します。りん酸塩などを主成分とする粉末が、火によって分解する際に発生する不燃性ガスと水蒸気を発生し、不燃性ガスによる窒息作用と、分解する際の熱吸収による冷却作用によって火災を消火する設備です。粉末なので凍結の心配がなく、消火する室を密閉しなくともよいので、寒冷地の駐車場などに使われています。

● 新しい消火設備

　建物が大型化で複雑化したものでは、消防法に定められた消火設備のみでは十分な消火が期待できない場合、大空間用として放水銃や、天井の高いアトリウムなどでは高い位置に設置されたスプリンクラーヘッドから散水しても上昇気流に阻まれ有効な消火ができないので水滴の大きい散水ヘッドを使用する散水設備などが注目されています。

Column

水の歴史

　弥生時代、水を多く必要とする稲作がはじまったことで、水は人類にとって大切な資源となりました。水をめぐる争いがはじまったのは、このときからです。

　古墳時代から飛鳥時代は、水を自分たちで手に入れるための「治水」がはじまり、洪水や水不足から暮らしを守り、水田が増えていきました。

　奈良時代は、人々の飲み水は井戸となりました。井戸は集落の中心となり、物売りが来たりまたは物々交換が行われる場所になりました。

　入浴の習慣を最初にもたらしたのは仏教です。奈良の東大寺には、「湯屋」と呼ばれる風呂跡があります。

　平安時代の貴族の屋敷には、暑い夏に涼むためや遊びのための水場が設けられ、庭園作りも盛んになりました。農業のための治水が行われただけでなく、水の美しさを住環境に取り入れたのです。

　鎌倉時代。鎌倉は水にはあまり恵まれていない場所でした。井戸は寺社によって管理され、水争いを防いでいました。また、これまで「生」「干す」「焼く」程度だった調理法に、「煮る」「和える」「蒸す」などが加わったのがこの頃です。この頃から流し（水場）が、家の中に台所として作られました。鎌倉時代から、住居の近くまで水路が作られるようになり、そこから家の中に水を引くようになります。大阪城の築城時には下水道も整備されました。

　江戸時代になると治水工事や上水道の整備が行われます。利根川の流れを変える工事、神田川の整備による神田上水、多摩川から江戸に水を引く玉川上水、その他にも野火止用水があり、江戸以外に赤穂水道、福山水道、桑名御用水、高松水道、水戸笠原水道などが整備されました

　明治になると、欧米からの技術導入により近代水道が整備されてきました。やがて下水道も整備され、水道水による消火利用で防災面からも期待されました。

　現在、人口が増え、生活レベルが向上した結果、地球のあちこちで水不足が深刻になっています。水が不足しているという量の問題と、汚れて使用できないという質の問題という２つの課題があります。

空調設備

　空気調和設備は、空気調和（温度・湿度・空気清浄度などの室内環境の調整）をするための建築設備です。一般に、空調設備と呼ばれます。

　空調設備は、人が快適に過ごすための「温度」、「湿度」、「空気清浄」、「気流」をコントロールします。快適な生活環境は空調設備からはじまると言っても過言ではありません。

　空調機器から発生する振動・騒音の防止、あるいは機器運転のための自動制御装置の計装、コンピュータの利用など、技術的・学問的に解決すべき課題も多い分野です。

空調設備設計の流れ

▼本章で解説する空調設備の設計プロセスです。全体のフローをまず確認しましょう。

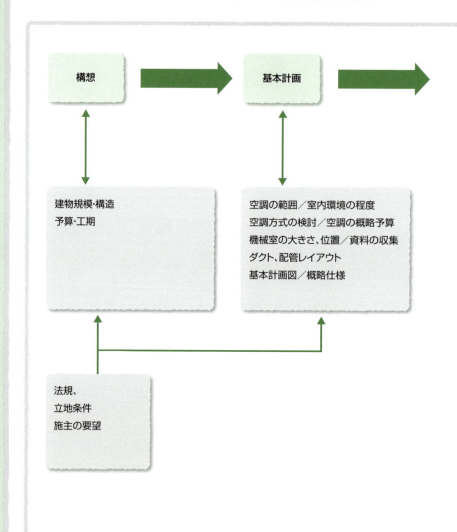

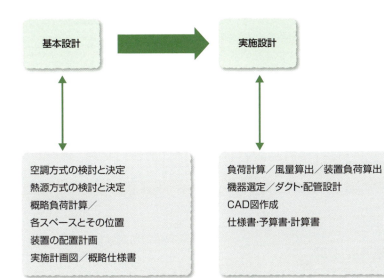

空調にも流行があります。今は省エネと環境へのやさしさが注目されています。

3-1 空調の基礎知識

空調を理解するための専門用語

> **Point**
> ●空調を理解するためは専門用語を理解することが必要です。
> ●空気の性質を知るのが基礎の第1歩です。
> ●一般に温度といえば乾球温度を指します。

空調設備の主な用語

空調を理解するために、最低限の専門用語を覚えましょう。

● 乾球温度（℃）

空気の温度で、乾いた感熱部を持つ温度計（乾球温度計）で測った温度をいいます。

● 湿球温度（℃）

温度計の感温部を布で包み、その一端を水に漬け、感熱部を湿らせた温度計（湿球温度計）で測った温度をいいます。

● 絶対湿度 x（kg /kg'）

湿り空気中に含まれている乾き空気 1kgに対する水分の重量で、x（kg /kg'）で表します。湿り空気の諸状態量は、このx（kg）の水分と1kgの乾き空気との混合した湿り空気（1 + x）（kg）について表します。その場合、湿り空気の単位を特に（kg'）で表示します。湿り空気の諸計算を行う場合、この乾き空気 1kgと水分の合計重量を（x）kg＝kg' と表示しますが、20℃の場合、最大で 0.0148kgなので、1 + x ≒ 1 としています。

● 相対湿度（%）

湿り空気の水蒸気分圧とその温度における飽和空気の水蒸気分圧との比を百分

比で示します。
相対湿度ψ＝Pw/Pws × 100（％）
　　Pw：その空気の水蒸気分圧　（kg /cm²）
　　Pws：その空気と同じ温度の飽和空気水蒸気圧　（kg /cm²）

● 飽和度（％）

　湿り空気の絶対湿度と、その温度における飽和空気の絶対湿度との比をいいます。飽和空気とは、それ以上その温度では水蒸気を含むことができない状態のことで、この時関係湿度は 100％です。この時の温度は、その圧力での飽和水蒸気圧の温度と等しくなります。

● 露点温度（℃）

　ある湿り空気が冷たい面に触れ、その表面がくもって結露が生じた時、その表面温度をその空気の露点温度といいます。

● 湿り空気線図［kj/kg（DA）］

　定圧の下で、空気の状態値や状態の数値および相互関係をグラフに描いたのが「湿り空気線図」です。この線図は、ある状態の 2 つの値が決まれば、線図上の 1 点として表示し、同時に残りのすべての状態値を知ることができます。

● 比エンタルピ

　完全な乾き空気は通常ありません。比エンタルピの「比」は、「何かに比べた」という意味です。その「何か」とは、0℃の乾き空気が持っている熱量なのです。

h＝Cpa × t ＋（CpW × t ＋ r0）× x
　　h：比エンタルピ　［kj/kg（DA）］
　　Cpa：乾き空気の定圧比熱　［kj/kg・K］
　　Cpw：水蒸気の定圧比熱　［kj/kg・K］
　　t：乾球温度　［℃］　　r0：0 度の時の水の蒸発熱　［kj/kg］
　　X：絶対湿度　［kg /kg（DA）］

3-2 空気の性質

空気の性質を理解することは空調設備の基本です

> **Point**
> - 空調計算の基準点は乾き空気からです。
> - 水蒸気をのぞいた空気が乾き空気、水蒸気を含んだ空気が湿り空気です。
> - 高度が低いほど気圧の変化率は大きくなります。

空気の性質

空調設備では、水蒸気を除外した空気で計算等を行いますが、水蒸気は凝縮や蒸発により容易に増減して、その濃度が場所と時間によって大きく変動します。これでは空調設備の重要な目的から外れてしまいます。

水蒸気の含まない空気のことを乾き空気と呼んでいます。 この乾き空気の物性値の例を下表に示します。

空気の物性値（大気圧、20℃の場合）

物性値	単位	空気の値	水の値
密度	kg/m³	1.161	998.2
比容積	m³/kg	0.832	0.001
熱伝導率	W/(m·K)	0.0256	0.602
膨張係数	K^{-1}	0.0034	0.0002
プラントル数	—	0.71	7.09
熱拡散率	Cm²/s	0.219	0.00141
定圧比熱	KJ/(kg·K)	1	4.18
動粘性係数	Cm²/s	0.154	0.01
容積比熱	KJ/(m³·K)	1.161	4172

※水の物性値も参考データとして示します。

空気の性質の特徴

● 容積比熱が小さい

空気は水と比べると容積比熱が極めて小さいものです。すなわち、空気の保有熱は小さく、少しの熱量で気温は大きく変化します。

- **動粘性係数が大きい**

動粘性係数は水の約 15 倍です。したがって、同じ寸法の流路の流れを考えた時、流れを相似(レイノズル数相似)にするためには、水に対して空気の場合は流速を約 15 倍大きくする必要があります。

- **熱伝導率および熱拡散率が小さい**

空気は熱を伝えにくい性質があります。したがって、対流を抑えれば、空気は性能のよい断熱材となります。例えば、ふとんなどは空気を中に保有し、繊維で対流を防止することにより保温性を高めているのです。

空気の状態方程式

空調で対象とする大気圧近傍の空気では、理想気体の状態方程式が成立します。すなわち、**ボイル・シャルルの法則 PV=mRT** が成立します(P:圧力、V:容積、m:質量、T:絶対温度、R:ガス定数)。

乾き空気のガス定数は、R = 0.2871 kJ/(kg·K) です。3つの状態値(P、V、T)の関係を示す状態方程式は、2つの状態値が与えられた時、未知の1つの状態値を求める時に使われます。また、**空気を可逆断熱変化させると、PV^k = (一定) の変化**をします。kは断熱指数と呼ばれ、**乾き空気では k = 1.40** です。可逆変化は理想の変化であり、現実的には流体摩擦などが生じて不可逆変化となります。**不可逆断熱変化では、PV^n = (一定)** となり、n<kとなります。不可逆性が大きいほど指数 n は小さくなり、1に近づきます。

高度と気圧

ある高度の気圧は、その高度から上の単位断面積の鉛直気柱に含まれる空気の重さです。したがって、高度が高いほどその高度から上にある空気量が少なくなるので気圧は低くなります。高度が低くなるほど気圧は高くなり、密度が大きくなります。したがって、**高度が低いほど気圧の高さ方向への変化率が大きくなります**。なお、密度は気温の影響も受けます。気温は高度 10km 程度まで(対流圏)は、100m につき 0.6℃の割合で上空に行くほど下がります。

3-3 空調設備の構成

空調システムの4つの基本設備

> **Point**
> ●人に対しての空調は「保健空調」、物品に対しては「産業空調」。
> ●空調の基本システムは、熱源、空調機、熱搬送、自動制御の4つです。
> ●空調システムは、熱媒の種類によって分類できます。

空調設備の構成

空調システムは、基本的には次の4つの基本設備から構成されています。

● **設備構成**

熱源設備空調設備全体の熱負荷を処理するための設備で、冷凍機、ボイラを主体とし、冷却塔、冷却水ポンプ、給水設備、配管などの付属設備があります。

● **空調機設備**

空調対象空間に送るために温湿度などを調整した空気を作る設備で、空気の冷却・減湿器、加熱器、加湿器、エアフィルタおよび送風機を一体のケーシングに納めたものです。**空気調和機**あるいは、**エアハンドリングユニット**と呼ぶこともあります。

● **熱搬送設備**

熱源設備と空調機設備の間で冷温水、蒸気、冷媒などを搬送・循環させるためのポンプ、配管系と、空調機設備と空調対象空間との間で空気を循環させ、あるいは外気を導入するための送風機、ダクト系をいいます。

● **自動制御設備**

上記3設備を、全体として要求される空調条件を満足させるために保持・運転するために、自動的に制御する設備です。

空気と水の熱搬送力の比較

空気と水それぞれの1kg当たりの熱の搬送能力を比べると、それぞれの比熱は、空気が1006kJ（kg・℃）、水が4186kJ（kg・℃）で約4倍の違いですが、常温での比容積は、空気は約830L/kg、水が1L/kgと大きく違うため、**空気を運ぶダクトに比べて水を送る配管のほうが同じ熱量を運ぶのにずっと細くて済む**という利点があります。

空調システムの分類

空調システムの分類方法はいろいろありますが、ここでは、熱媒の種類によって分けてみます。

全空気方式空調空間に熱を運ぶ媒体として空気のみを利用するもの。空調機よりダクトによって空気を各室に搬送・分配する中央式が代表的です。

対象空間の熱負荷の変動に対して、**一定風量で温度を変えて対応する定風量（CAV）方式**と、**送風温度を一定にしたままで風量を変えて対応する変風量（VAV）方式**があります。

- **全水方式**

室内に設置した空調機等に冷水や温水を送って室内の空気のみを循環利用するものです。この方式は、室内空気の換気が不十分となる欠点があります。よって一般には単独では用いられません。

- **水ー空気方式**

熱搬送媒体として水と空気とを併用するものです。空気に比べて水の熱搬送能力が大きいという特長を生かすと共に、換気に必要な外気取入れも確保できるようにした方式です。

- **冷媒方式**

空調機の空気冷却器に、冷凍機からの液冷媒を直接送って空調空気を冷却・減湿し、また高圧ガス冷媒を送って加熱する方式です。

3-4 熱負荷計算

空調設計は、熱負荷計算からはじまります

Point
- 熱負荷計算は空調装置の大きさを選ぶ上でも基礎となります。
- 熱負荷計算には、最大熱負荷計算、年間熱負荷計算、シミュレーション計算があります。

熱負荷計算とは何か

空調設備の能力を決定するために行う計算を熱負荷計算と呼びます。計算する途中で、負荷要因の節約できる個所に工夫を加えたりと省エネにも直接知ることができます。

冷暖房設計を行う場合、まず最初に熱負荷計算を行います。この熱負荷計算ができれば、空調設計の基本はすべてできるようになったといえます。

熱負荷計算

では、負荷をどのように計算していけばよいのでしょうか。

まずは、**負荷要素ごとに顕熱と潜熱を別々に計算します。**顕熱、潜熱どちらにかかわっていて、どのような計算式で求めることができるのかを次ページの表に示します。

Aは設計図から、Kは壁の構造から求めます。⊿T、Snは参考文献より、SCはガラスの種類によって決まる値です。

SH、LHは部屋の利用目的によって決まります。⊿t、⊿xは参考文献に載っています。Qiは建築物の構造で決まり、ho、hiは空気の状態から求められます。

冷房計算にはある要素が、暖房計算では一部なくなっているのは、日射や内部発熱の項目は安全側に作用しますので通常計算しません。

以上の計算を部屋ごとに行うのです。かなり煩雑な計算になりますので、まとめ方を工夫し、計算忘れのないようにしてください。

主な参考文献は、『建築設備設計基準』(国土交通省大臣官房監修)などがあります。

顕熱と潜熱

顕熱は気体などの加熱が温度変化となって現れる場合の熱をいいます。**潜熱は相変化に使われる熱**であり、加熱しても温度一定状態が保たれ、物体中に潜んだ熱のことです。

例えば、1気圧の下で水を加熱していくと100℃までは加熱とともに温度が上昇します。これが顕熱です。また、100℃では沸騰という相変化が起こるため水温は一定です、この水蒸気製造に使われる熱が潜熱なのです。

冷房負荷計算

●冷房負荷計算

負荷要素	顕熱	潜熱
外壁、屋根	qn=A·K·⊿T	―
窓	qn=A·K·⊿T	―
内壁、天井、床（非空調室）	qn=A·K·⊿T	―
ガラスからの日射	qG=A·Sn·SC	―
人体	qHs=人員数×SH	qHL=人員数×LH
照明器具	蛍光灯　qE=1.16×照明電力量 白熱灯　qE=1.0×照明電力量	―
機器	qp=機器の電力量×同時使用率	―
すきま風	qS=Cp·γ·⊿t·Qi/3600 =⊿t·Qi·0.33	qL=r·γ·⊿x·Qi/3600 =0.83·⊿x·Qi
外気	qo=外気量×1.2×(h0−hi)	―

●暖房負荷計算

負荷要素	顕熱	潜熱
外壁、屋根	qn=A·K·⊿T	―
窓	qn=A·K·⊿T	―
内壁、天井、床（非空調室）	qn=A·K·⊿T	―
ガラスからの日射	―	―
人体	―	―
照明器具	―	―
機器	―	―
すきま風	qS=Cp·γ·⊿t·Qi/3600 =⊿t·Qi·0.33	qL=r·γ·⊿x·Qi/3600 =0.83·⊿x·Qi
外気	qo=外気量×1.2×(h0−hi)	―

A:面積、K:熱通過率、⊿T:実効温度差、Sn:日射熱、SC:遮蔽定数、SH:一人当たり顕熱、LH:一人当たり潜熱、Cp:1000、γ:1.2、⊿t:室内外温度差、Qi:換気回数、r:2.5×10⁶、⊿x:室内外絶対温度差、ho:室外エンタルピ、hi:室内エンタルピ

3-5 熱源機器容量の決定

熱源機器容量の公式

> **Point**
> ●空調設備の立ち上がり時間は1時間が原則です。
> ●気象変化や使い勝手を考慮し、建物時刻別負荷集計の最大値を基準として必要な補正を行い熱源機器容量を決定します。

熱源機器容量の算出

熱負荷計算で各室の負荷容量を算定し、系統ごとに熱源の振り分けを行ったら、その**熱源機器容量**を算出します。

熱源負荷計算

熱源負荷は、下式により求めます。

$qRM = qT + qP + qPM + qSA$

qRM：熱源負荷（kW）、qT：空調機負荷（kW）、qP：配管の熱損失（kW）、qPM：ポンプの負荷（*）（kW）、qSA：装置蓄熱負荷（kW）、（*暖房負荷計算の場合は計上しない）

配管系の熱負荷および装置蓄熱負荷（qP + qPM + qSA）は、一般的に装置負荷の2〜3%として差し支えありません。

配管材通過熱負荷

配管から周囲への単位長さ当たりの熱損失は、次式によって求めます。

$qP = (ti - tr)/R$

$R = 1/2\pi \{1/ro\cdot\alpha1 + 1/\lambda o \times \ln(r1/r0) + 1/\lambda 1 \times \ln(r2/r1) + \cdots\cdots + 1/\lambda n \ (rn + 1/rn) + 1/n + 1 \times \alpha2\}$

qP：単位長さ当たりの配管からの熱損失（kW/m・h）、ti, tr：配管内温度、周囲温度（℃）、R：配管の貫流熱抵抗（kW/m・h・℃）、α1, α2：配管内側・外

側の表面積伝達率（W/㎡・h・℃）、r0，r1：円管の内外半径（m）、rn：各保温材の外半径（m）、λ0：円管の熱伝導率（W/m・h・℃）、λn：各保温材の熱伝導率（W/m・h・℃）

＊通常、内部流体が水・飽和蒸気などで、管が金属の場合、$1/ro・α1$と$1/λ0 × \ln(r1/r0)$は、0としてよいです。

一般には、空調機負荷に対して、下記の数値を上乗せします。

配管材通過負荷	
冷水配管	0～2%
温水配管	2～7%
蒸気配管	5～10%

ポンプ負荷

ポンプの消費するエネルギーは、そのほとんどが管内の水中に散逸するものとみなしてよく、送風機と同様に次式で求めます。

$qPM = 860 × γ・Q・H / ηp × 6120$

qPM：ポンプからの熱負荷（kcal/h）、γ：水の比重量（kgf/m³）、Q：水量（m³/min）、H：揚程（m）、ηp：ポンプ効率

冷房に対して空調機負荷の2～4％程度を上乗せする場合も多くあります。

装置蓄熱負荷（立ち上がりに要する熱負荷）

機器の大小、立ち上がり時間の設定、安全率の見方など、各社各人による判断が多用で、多くの慣用値が流布されております。その一例を示します。一般には、空調機負荷に対して、下記の数値を上乗せします。

装置蓄熱負荷

冷凍機	0〜5%
温水ボイラ	5〜10%
蒸気ボイラ	10〜15%

熱源機器容量の決定

① 一般の空調設備は、間欠運転するものとし、その始動は原則として必要開始1時間前とします。

② 熱源機器の能力は、気象変化または使用勝手を考慮の上、建物時刻別負荷集計の最大値を基準として必要な補正を行い決定します。

冷熱源機器計算書

	計算式	計算
冷凍能力	HRC=K1×K2×K3×K4×K5×qm ここに、 　qm:建物時刻別冷房負荷集計の最大値(W) 　K1:ポンプ負荷係数 　K2:配管損失負荷係数 ｝(=1.05) 　K3:装置負荷係数 　K4:経年係数 (=1.05) 　K5:能力補償係数 (=1.05)	qm= 3,240 W K1 K2 ｝ 1.05 K3 K4= 1.05 K5= 1.05 HRC= 3,751 W
加熱能力	HRh=K2×K3×K4×K5×qh ここに、 　qh:暖房負荷の集計値(W) 　K2:配管損失負荷係数(=1〜1.05) 　K3:装置負荷係数(=1〜1.1) 　K4:経年係数(=1.05) 　K5:能力補償係数(=1.05)	qh= 3240 W K2= 1.05 K3= 1.1 K4= 1.05 K5= 1.05 HRh= 4,126 W

＊例題の計算数値は参考です

3-5 熱源機器容量の決定

パッケージ形空調機計算書

	計算式	計算	
冷凍能力	Hc=K4×K5×qm ここに、 　qm:建物時刻別冷房負荷集計の最大値(W) 　K4:経年係数 (=1.05) 　K5:能力補償係数 (=1.05)	qm= K4= K5= Hc=	3,240 W 1.05 1.05 3,572 W
暖房能力ヒートポンプ	Hh=K4×K5×qh ここに、 　qh:暖房負荷の集計値(W) 　K4:経年係数 (=1.05) 　K5:能力補償係数 (=1.05)	qh= K4= K5= Hh=	3,240 W 1.05 1.05 3,572 W
補助ヒーター容量	Hw=Hh-Hho ここに、 　Hh:必要暖房能力(W) 　Hho:選定した空気熱源ヒートポンプ式パッケージ形空調機の 　　　使用条件における暖房能力(W)	Hh= Hho= Hw=	3,572 W 3,200 W 372 W

＊例題の計算数値は参考です

温熱源機器計算書

	計算式	計算	
① 熱交換器のない場合	H=K2·K3·K4·K5(q1+q2) ここに、H:温熱源機器定格出力(W) 　K2:配管損失係数 (温水=1～1.05) {蒸気=1～1.2} 　K3:装置負荷係数 (温水=1～1.1) {蒸気=1～1.2} 　K4:経年係数 (=1.05) 　K5:能力補償係数 (=1.05) 　q1:暖房負荷 (空調機負荷)(W) 　q2:暖房以外の負荷 (給湯等)(W)	q1= q2= K2= K3= K4= K5= H=	3,600 W 0 W 1.05 1.1 1.05 1.05 4,584 W
② 熱交換器のある場合	H=(HE+K2·K3·K4·q3)K5 ここに、H:温熱源機器定格出力(W) 　HE:熱交換器の交換熱量(W) 　K2:配管損失係数 (温水=1～1.05) {蒸気=1～1.2} 　K3:装置負荷係数 (温水=1～1.1) {蒸気=1～1.2} 　K4:経年係数 (=1.05) 　K5:能力補償係数 (=1.05) 　q3:熱交換器を除く負荷(W)	HE= K2= K3= K4= q3= K5= H=	3,000 W 1.05 1.1 1.05 1,000 W 1.05 4,423 W

＊例題の計算数値は参考です

3-6 熱源方式
熱源設備と地球環境問題

> **Point**
> ●一般に利用される熱源には、灯油、ガス、電気があります。
> ●これからは自然エネルギーとの組み合わせが注目されます。
> ●空調設備と地球温暖化問題、オゾン層破壊問題は深く関係しています。

熱源方式の概要

熱源設備の計画・設計・選定に当たり、**最も考慮すべき基本的事項には、エネルギー事情（エネルギー消費構造の推移）、地球環境問題、エネルギーの有効利用、熱源方式の多様化（新しい方式）** などがあります。ここでは、その背景・問題点を採り上げます。

地球環境問題

地球環境問題は、現象面で捉えると下記の9項目に大別されますが、これらは単独での問題が存在するのではなく、相互に関連した問題です。その基本課題は、地球環境の保護と経済発展です。

①**地球温暖化**
人間活動起源の温室効果ガスによる地球全体の平均気温上昇にともなう海面上昇や砂漠等の乾燥化など。

②**オゾン層破壊**
フロンなどのオゾン層破壊による有害紫外線（UV−B）の地表面到達と生物への影響。

③**酸性雨**
化石燃料燃焼にともなうSOx・NOxの大気汚染と酸性雨にともなう森林・植物の消滅。

④**砂漠化**
森林・植物の乱伐と地球温暖化・酸性雨などの併作用にともなう土地の砂漠化。

⑤**熱帯雨林の減少**
　世界でも代表的なアマゾン・フィリピンなどでの森林の伐採と都市化への乱開発。
⑥**有害廃棄物の越境移動**
　主に酸性雨の現象が、国境を越えて他国に影響することです。（大気汚染全般を含みます）
⑦**野生生物の絶滅**
　人間活動に起因する自然破壊に伴い、生活圏のなくなった野生生物が絶滅の危機にあります。
⑧**開発途上国の公害問題**
　人口急増と高度経済発展にともない大気・河川汚染問題。
⑨**海洋汚染**
　生産活動にともなう河川水汚染に起因する汚染。

　上記の諸問題の中で、特に空調設備に関連の深い「地球温暖化」と「オゾン層破壊」については、傾注しなければなりません。

地球環境問題

3-7 空調方式

空調方式の概要

> **Point**
> ●空調方式は将来展望を鑑みて検討しましょう。
> ●機器類は長寿命化になりつつあります。
> ●快適性向上に放射熱と空気質を考慮しましょう。

空調方式の概要

空調方式は、ペリメータ空調とインテリア空調の組み合わせとなり多数の方法があります。従来の分類方式は、個別か中央か、空気か水かというものでしたが、近年は、**アンビエント空調** ambient（取り囲む）、すなわち周辺の空調で**ベース空調**ともいわれ、室全体の空気環境（空気浄化・外気導入・最小換気量の確保・湿度を主体）を制御する空調と、**タスク空調** task（仕事）、すなわち作業域に対する空調で、事務室においてはOA機器などの発熱に対処する温度制御を目的とした、個別空調もいわれるようになりました。

アンビエント空調もタスク空調も、インテリア空調を主目的としており、ペリメータ空調には、次ページの表の①〜⑦の組み合わせが必要となることもあります。

空調方式の分類

建物で各室の空調は、大別して3つの要素に分類されます。
①建物外皮殻の熱の出入り処理（外壁処理）
②内部の熱や汚染空気の発生処理（内部処理）
③生命活動のための外気導入にともなう熱・湿度・塵埃の処理（外気処理）

将来展望

空調方式の将来への展望は、地球環境問題から省エネルギーの必要性はより高まり、室内環境の向上と同時に省エネルギー性向上の方式が主流となります。ライフサイクル CO_2 や省エネ評価法などの評価法により、従来の経済ベースから資

源エネルギーの節約手法に発展するでしょう。

空調方式は、熱源方式の影響度がより高くなります。新しい空調方式や省エネルギー型機器の開発が活発化し、これからは大きく変革する時代に突入するでしょう。

機器類も、これからは**保守管理スペースの確保と省資源のための長寿命設計**が重要となります。対人用空調は進歩発展にともない、方式の陳腐化が予想されますが、熱の供給系は100年後も不変です。設備の各部位にあらかじめ寿命目標を立て、ライフサイクルコスト・ライフサイクルエネルギー・ライフサイクルCO_2などの評価を加えて計画すべきでしょう。

現在の空調(温度・湿度・空気清浄・気流)に含まれていない放射熱と空気質が、快適の向上として見直していかなければなりません。

空調方式の分類

要素	インテリア空調			ペリメータ空調
	外気処理	内部処理		外壁処理
目的	外気取入れや排気にともなう処理を行う	照明・OA機器・人体の発熱処理、人体によるCO_2・たばこ煙・発じん・発汗処理、すきま風による温湿度・塵埃処理		外壁からの熱負荷処理 1) 受入れ熱(夏期): 　日射熱/天空放射熱/伝熱 2) 熱損失(冬期):伝熱
方法	除じん、全熱交換、冷却、加熱、CO_2制御、外気冷房、始業前の外気カット、減湿、加湿	冷却、加熱、気流分布		冷却、加熱
方式	1) 外気処理空調機 　エアハンドリングユニット 　またはパッケージ 　(性能:上記方法) 2) 外気処理換気 　(単独給排気) 　(性能:除じん、全熱交換) 3) 内部処理に含む	エアハンドリングユニット	a) AHU(2管式または4管式)+単一ダクト方式(CAVまたはVAV) b) AHU(4管式)+2重ダクト方式	①ファンコイルユニット 　(2管式または4管式) ②集中FCU+単一ダクト 　(CAVまたはVAV) ③ウォールスルーHP ④直接暖房 　(蒸気・温水・電気) ⑤ペリメータレス空調方式 　(2重サッシ内排気、 　またはインテリア空調と兼用) ⑥誘引ユニット ⑦放射暖房・冷房
		パッケージ	c) 大・中型パッケージ(水冷式又は冷媒式)+単一ダクト(CAVまたはVAV) d) 小型分散パッケージ単一ダクトまたは直吹出し(ビル用マルチエアコン) (水冷式または冷媒式)	

3-8 空調機器の設計

設計手順の流れ

> **Point**
> - 事前に設置場所の検討が必要です。
> - 多種多様な機種から適合したものを選択してください。
> - 設計条件は許容範囲内で妥協は敵です。

空調機器の種類

空調機器は、一般に市販のユニット形を用います。ここでは代表的なものを紹介します。

● エアハンドリングユニット

エアハンドリングユニットは、総合空気調和機の代表です。
エアハンドリングユニット（ユニット形空調機）は送風する空気を浄化し、その温度、湿度を調整する装置です。一般に送風機、冷却・加熱コイル、加湿器、エアフィルタおよびケーシング等から構成されています。

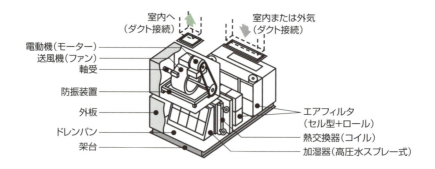

機器選定は、風量によって形番を選定します。選定した形番のコイル正面面積を基準としてコイル類を決定し、その後加湿器・エアフィルタを決め、送風機の

各要素を決定します。コイル正面風速は 2.5 〜 3.0m/sec とし、メーカーカタログ等により形番を選びます。

設計手順と各段階での検討事項

A. 容量決定。設計作業に入る前に、空調機の種類、基本構成（冷却・加熱コイル構成、加湿装置の種類、エアフィルタ形式、混合箱の必要性等）をよく検討します。
B. 機器選定。風量により決まります。必要風量を算定します。
C. 算定された風量から送風機の番手（大きさ）を確認のうえ決定します。
D. 冷却および加熱コイルの必要長さを算出します。一般事務室等（顕熱比 SHF = 0.7 〜 0.9）を対象とする冷房では、冷水入口温度を 7℃ 程度とし、再熱コイルを設けないのが一般的です。ただし、顕熱比が著しく小さいか、湿度の制御精度が厳しく要求される場合には再熱コイルを考慮します。
E. 加湿器の能力から機器選定をします。水加湿方式の場合や冷却コイル正面風速が 3m/sec 以上の場合には、エリミネータを設けます。加湿に蒸気を使用する場合は、圧力 50kPa 以下の低圧蒸気加湿とします。
F. エアフィルタの種類は、その目的と性能に合致したものを選定します。
G. 送風機の設置方法により、機種をメーカーカタログより選定します。外気と再循環空気を混合する必要のある場合は混合箱を設けます。
H. その他、材質（塩害、有害ガス等）、防音、防振、耐震、凍結防止など特殊な条件の有無を含め十分検討します。

空調機器の設計手順

フローのポイント（A、B…）を本文で解説しています。

START
↓
形式構成決定　(A)
↓
風量算定　(B)
↓
番手選定　(C)
↓
冷却加熱コイル選定　(D)
↓
加湿器選定　(E)
↓
エアフィルタの選定　(F)
↓
送風機の選定　(G)
↓
機器仕様のチェック　(H)
↓
付属品の検討
↓
機器仕様の決定

3-9 パッケージ形空調機

パッケージ形空調機の設計手順

Point
- 冷房能力と暖房能力両方を確認して選定しましょう。
- 空冷タイプは室内機と室外機との距離、配置には冷媒配管の制限内で。
- 組込み可能な加湿器の容量やヒータには形番により限界があります。

パッケージ形空調機

　パッケージ形空調機は、種類も多く、直吹き形とダクト形の別があります。これら各種のものは、その形式により、冷却能力に対する風量や吸い込み空気条件の範囲が定されますので、注意が必要です。それぞれの用途や目的に適合したものを選定してください。

設計手順と各段階での検討事項】

A. 機器の設置する場所により、床置形か天井埋込形などの形式を室ごとに決定します。
B. 機器の容量や能力を算定します。形式により、冷却能力や風量が異なる場合がありますので能力・容量を確認し選定します。
C. 機種が多いので、形式や負荷能力、風量、吸込み空気条件が、選定機種の許容範囲内に合致しているか確認が必要です。
D. 加熱器（電気ヒータ、温水ヒータなど）を選定します。
E. 加湿器を選定します。組み込み可能な加湿器の容量や電気ヒータには、形番により限界がありますので注意します。
F. 標準付属品以外のエアフィルタを使用した場合は、内蔵送風機の静圧が不足しな

パッケージ型空調機の選定手順

フローのポイント（A、B…）を本文で解説しています。

```
START
  ↓
形式決定         (A)
  ↓
容量の算定        (B)
  ↓
カタログからの選定   (C)
  ↓
加熱器選定        (D)
  ↓
加湿器選定        (E)
  ↓
エアフィルタの選定   (F)
  ↓
機器仕様のチェック   (G)
  ↓
付属品の検討       (H)
  ↓
機器仕様の決定
```

いかをチェックします。
G. 選定した機種の風量、機外静圧等の必要性能を許容範囲内かをチェックします。
H. チェック後、機器だけでなく付属品の検討をしてから最終選定します。空冷タイプの場合、室内機と室外機との距離、配置には冷媒配管長さと高低差に制限があります。この限界を超える場合は能力の減少となりますので必ずチェックします。

機器選定法

室内負荷と空調機の吸込空気条件、冷却水条件から必要な冷却（加熱）能力を満足するものをメーカーカタログから選定します。選定した機種の風量、機外静圧等の必要性能をチェックし、機器を最終選定します。

パッケージ形空調機の種類と特徴

種類	能力範囲 圧縮機容量 (kW)	能力範囲 送風量 (m^3/h)	使用法	使用箇所
水冷式	2.2～90	1400～60000	冷却塔と組み合せて使用される標準形で、最も多く使用されています。	事務室、銀行、飲食店、店舗、医院など（1台当たり空調面積2000㎡以下）
空冷式	2.2～15	1400～11000	室内機と室外機に分割されます。冷却塔は不要です。	事務室、銀行、飲食店、店舗、医院など（1台当たり空調面積350㎡以下）
水熱源ヒートポンプ	2.2～30	1400～24000	井水が多量に利用できる場合に用いられます。	事務室、銀行、飲食店、店舗、医院など（1台当たり空調面積650㎡以下）
空気熱源ヒートポンプ	2.2～30	1400～22000	大気汚染防止に最適。寒冷地では暖房能力に不安あり。室内機と室外機に分割される。	事務室、銀行、飲食店、店舗、医院など（1台当たり空調面積700㎡以下）
低風量用	15～90	9600～52000	潜熱負荷の大きい場合、外気取り入れ量の多い場合、吹出し温度を下げてダクトを小さくしたい時などに使われます。	地下街、劇場、研究室、スーパーマーケットなど
低温用	2.2～22	2400～27000	生鮮食料品などの貯蔵庫用として用います。室温10℃程度の特殊形です。	生鮮食品、穀物類・茶などの貯蔵庫、その他の低温室（10℃前後）
全外気用	2.2～90	600～27000	病院の手術室のように全外気の空調を行う場所に使われます。	手術室、回復室、分娩室、研究所や製品工場などの全外気空調の場合に使われます。
電算機室用	3.75～22	9000～27000	電算機室用として、上吸込下吹出の構造です。	電算機室

3-10 ファンコイルユニット

比較的小型で簡易な空気調和機です

> **Point**
> - ファンコイルユニットは窓付近(ペリメータ)の顕熱処理にも利用します。
> - ファンコイルユニットは室内の温度の個別制御が可能で、熱源水の流量調整で温度制御が容易にできます。

ファンコイルユニット

ファンコイルユニットとは、室内から空気を取り入れエアフィルタで塵埃を取りのぞき、水熱源の熱交換器で温度・湿度を調整し、送風機で空調する部屋や場所へ送風する比較的小型で簡易な空気調和機です。暖房専用のものは、**ファンコンベクター**と呼ばれています。

選定手順

A. 一般には、冷水出入口温度差と全熱負荷より水量を算出し、この水量と冷水入口温度、入口空気条件(DB、WB)から顕熱負荷により形番を選定します。

B. 選定した形番で全熱能力と暖房能力をチェックします。冷水出入口温度差は、標準の場合5℃、省エネ形の場合は8～10℃程度です。

C. 採用するメーカーカタログから機器を選定します。

D. 1台当たりの水量や能力があまりに大きい場合は、台数を増やすなどの対処します。

E. 電磁弁、二方弁などの付属品が機器に収納可能なのかを検討します。

F. 多数のファンコイルユニットを選定する場合は、あらかじめ各形式、形番ごとに

ファイルコンユニットの選定手順

フローのポイント(A、B…)を本文で解説しています。

```
START
  ↓
形式決定        (A)
  ↓
容量の算定      (B)
  ↓
カタログからの選定 (C)
  ↓
機器仕様のチェック (D)
  ↓
付属品の検討    (E)
  ↓
機器仕様の決定  (F)
```

水量、能力等の選定基準を決定しておき、それに基づき各室の対応形番と台数を決定していきます。
※メーカーのカタログにあるファンコイルユニットの能力表示は一般に風量最大の場合であるので、騒音が問題となりそうな室では騒音をチェックします。

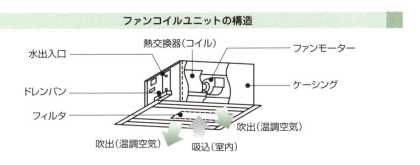

ファンコイルユニットの構造

ファンコイルユニットの種類

ファイルコンユニットには、以下のような種類があります。

区分	種類
見え掛り区分	露出形、隠蔽形
設置形態区分	床置形、天井吊形、ローボーイ形、カセット形、壁掛形、ホテル形
性能区分	標準形、ニパス形、ニコイル形、高温度差小水量形、外気導入形、大容量形
その他	電気集塵器付形

選定に当たって注意すべきは以下の点です。
①メーカーのカタログにあるファンコイルユニットの能力表示は、一般に風量最大の場合であるので騒音が問題となりそうな室では騒音をチェックします。
②熱負荷の容量等で、熱負荷のみならず換気回数、配置などをチェックし、空気の分布上問題があれば、台数の増減を考慮します。台数を減らして1台当たりの容量を大きくとることのないように注意します。

3-11 加湿器

給水方式の種類を覚えましょう加湿器は、室内の湿度を高くするための空調設備です

Point
- 加湿器は、使用条件、目的に最適なものを選択しましょう。
- 1台の加湿器で必要な加湿量が得られない場合は複数台設置します。
- 水加湿方式の場合、有効加湿量はスプレー水量の30～45％程度です。

加湿器

　加湿器は、室内の湿度を高くするために設ける空調の設備です。空気が乾燥する冬期によく使用します。また寒い時など湿度が上昇すると同じ室温でも体感的に暖かく感じるという利点もあります。

　加湿器には、加湿の方式および種類がたくさんあります。採用する空調機への内蔵の場合は適合するものかどうかを確認し、その形式も決定します。種類と形式は右ページを参照してください。

加湿器の設計手順

　形式が決まれば、加湿量の算定をします。

　次に、加湿器のヒータ容量を算定します。

　その計算データより、メーカーカタログから機種を選定します。

　計算の仕様とカタログ仕様に違いがないかどうかをチェックして、仕様の最終決定をします。

3-11 加湿器

加湿器の種類と形式

方式	形式 名称	構造・原理	特徴	適用
蒸気式	ノズル式	生蒸気の飽和蒸気をノズルより噴射する。	● 高湿度を得やすい ● コストは安い ● 清かん剤成分が粉塵になる	蒸気のある場合の一般的な空調の加湿
蒸気式	蒸気拡散管式	絞り現象を利用して飽和蒸気を加熱蒸気に変えて噴射する。	● 臭気、粉塵がない ● 高価であり取扱いに要注意 ● 比例制御で高精度な湿度が得られる	高精度な湿度制御の必要な場合
蒸気式	蒸気発生式	電熱コイル、電極板、赤外線灯などで、水を加熱蒸発させる。	● 安価・取り扱いも簡単 ● 小形軽量で水処理の必要性なし ● スケール発生あり	パッケージ用
気化式	回転式	水を含ませた給湿エレメントを回転させ蒸発させる。		ダクト内に取付け
気化式	毛細管式	吸水性の高い繊維に毛細管現象によって水を含ませ蒸発させる。	● 加湿材への不純物の堆積が速い	ビル用マルチ
気化式	滴下式	給湿エレメントに水滴を落として水を含ませ蒸発させる。	● 送風温度が高いほど効果あり	ダクト内に取付け
水噴霧式	高圧噴霧式	ポンプで水の圧力を上げて、小孔径ノズルから噴射する。	● 粒子は粗いが安価です ● 制御性はよいが、シャフトシールからの漏水があるまた、スケールにより詰りやすい。	蒸気のない一般的な空調での加湿
水噴霧式	超音波式	高周波振動で水を霧化する。	● 良好な加湿ができるが、オン−オフ制御です ● コストはやや高い ● 給水のスケール処理費が高価	パッケージ、エアハンドリングユニット、ファンコイル、室内直接用などに用いる
水噴霧式	遠心式	モーターにより円盤を高速回転し、遠心力により水滴を霧状にする。		

3章 空調設備

3-12 エアフィルタ

空気を清浄にするのがエアフィルタです

> **Point**
> ● 必要捕集効率を基準にしてエアフィルタの種類を決定します。
> ● 除去する因子を確認します。
> ● エアフィルタには、静電式、ろ過式、粘着式、吸着式の4つがあります。

粉塵量の標示法

空気中の粉塵量の標示法には、**計数法**（空気 1mL 中に含まれる粉塵数で表す）、**重量法**（空気 1m³ 中に含まれる粉塵の重量を mg で表す）と**比色法**（ろ紙を通して汚染空気を採取し、ろ紙の汚れの黒化度の変化を求め、物体の光の吸収する度合いで表す）があります。

エアフィルタの選定

エアフィルタは、空気中からごみや塵埃などを取りのぞき、清浄空気にする目的で使用します。

エアフィルタの選定は、室内発塵量、外気塵埃濃度、送風機などから必要捕集効率を計算し、その効率を基準にしてエアフィルタの種類を決定します。

ビル衛生管理法の適用を受ける場合は、その基準を満足させるように機器を選定します。

そして、除去する因子を確認します。

次に、ろ過方式を決定し、**空気清浄装置設置基準**（JACA №3　B-1978）にあるフィルタ効率の計算法を参考に捕集効率の算定をします。

フィルタの種類、形式を決め、メーカーカタログから機種を選定します。

エアフィルタの選定手順

START
↓
除去因子の確認
↓
ろ過方式の決定
↓
捕集効率の算定
↓
種類、形式の決定
↓
カタログからの選定
↓
仕様、性能のチェック
↓
寸法、抵抗値の決定

選定したものが、計算値の仕様や性能を満足しているかのチェックをします。その後、寸法および抵抗値を最終決定します。

エアフィルタの種類

①静電式

空気経路内で発生させた高圧電界により荷電した粉塵を、吸引付着力により捕集する方法。捕集された粉塵は電極板下流に設けられたろ材によって捕集する方法が一般的であり、ビル空調の比較的微細な粉塵用として用いられます。

②ろ過式

天然素材、ガラス繊維などの無機質繊維の空間を空気が通過する時に、衝突、遮り、拡散などによって、繊維空間より大きい粒子を付着捕集します。捕集後は洗浄して再利用するものと、新品と交換するものがあります。粗塵の捕集用から高性能なフィルタまで多くの種類があり、用途によって使い分けます。特に、高性能のフィルタとしてHEPAフィルタやULPAフィルタがあり、工業用クリーンルーム、バイオクリーンルームなどで利用されています。

③粘着式

粘着材を塗布した金網などに粉塵を衝突させて除去する方法。比較的大きな粉塵用に用いられます。

④吸着式

活性炭などによる物理的吸着とイオン交換樹脂などによる化学反応をともなう吸着があります。有害ガスの除去に用いられます。

エアフィルタの性能別分類

種類	形式	適応粉塵の粒径(μm)	粉塵捕集率(%)		
			重量法	比色法	DOP法
粗塵用エアフィルタ	パネル型、自動巻取型、自動洗浄型	5以上	70～90	15～40	5～10
中性能エアフィルタ	バグ(袋)型、ろ材折込型	1以上	90～96	50～80	15～50
高性能エアフィルタ	バグ(袋)型、ろ材折込型 静電式	1以上	98以上 98以上	85～95 70～95	50～90 60～75
超高性能エアフィルタ	ろ材折込型	1以上	―	―	99.97以上

3-13 ダクトの基本

建物内において気体を運ぶ管のことです

> **Point**
> ●ダクトの許容風速を超えると騒音が発生します。
> ●通常のダクトは乱流です。層流は自然換気の隙間の通気です。
> ●レイノルズ数とは流体に作用する慣性力と粘性力との比です。

ダクトとは

ダクトは気体を運ぶ管であり、主に建築物内で空調、換気、排煙設備で使用されます。エアダクト、風導などと呼ばれています。

鉄板製の矩形の部材を組み合わせ、空調機器から室内の居室などへの空気の流れ道とするものです。形状は**角ダクト**や**丸ダクト**があります。

層流と乱流

空気がダクト内を流れる時、空気は壁面に密着してその壁体表面部分の流速は"0"であり、ダクト中心部で最大の速度を持ちます。

ダクト内空気の平均速度が小さい時は、空気の微小塊はダクト壁に平行して流れます。この流れを**層流**といいます。

ダクト内の平均速度を大きくしてゆくと、ある速度以上になると流れの中の微小塊は前後左右に激しく入り乱れて流れるようになり、1つの点の速度は時間的に変動します。この場合ダクト壁近くで速度が増し、内部は平たんとなります。この流れを**乱流**といいます。

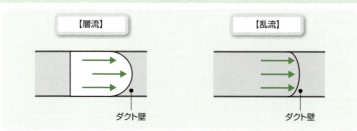

レイノルズ数

レイノルズ数とは、流体に作用する慣性力と粘性力との比です。

層流から乱流への遷り変わりは、速度だけでなく、ダクトの直径、空気の動粘性係数に関係します。これらを総合して**レイノルズ数**で表し、この値が約 2000 以上で層流から乱流となります。

$$Re = \frac{v \times d}{\nu}$$

Re：レイノルズ数　　v：ダクト内の空気速度 [m/sec]
d：ダクトの直径 [m]　　ν：動粘性係数 [㎡/sec]

動粘性係数　ν [㎡/s]　1 気圧

温度℃	機能の概説	温度℃	機能の概説
0	0.00001333	30	0.00001604
10	0.00001421	40	0.00001698
20	0.00001512		

動圧（速度圧） Pv（Pa）の求め方

$Pv = 0.6v^2$

v：風速 [m/s]

低速ダクトの許容風速

	推奨風速			最大風速		
	住宅	一般建物	工場	住宅	一般建物	工場
主ダクト	3.5〜4.5	5〜6.5	6〜9	4〜6	5.5〜8	6.5〜11
分岐ダクト	3	3〜4.5	4〜5	3.5〜5	4〜6.5	5〜9
分岐立上りダクト	2.5	3〜3.5	4	3.25〜4	4〜6.5	5〜8
リターンダクト	—	—	—	3	5〜6	6
外気取入口	2.5	2.5	2.5	4	4.5	6
送風機吐出口	5〜8	6.5〜10	8〜12	8.5	7.5〜11	8.5〜14
送風機吸込口	3.5	4	5	4.5	5.5	7

ダクトはその断面形状により、長方形ダクト、円形ダクト、楕円形のオーバルダクトの3種類があります。

3-14 吹出口と吸込口

吹出口と吸込口の特徴

> **Point**
> - 吹出口と吸込口は室の条件に適した種類を選択します。
> - 配置が適切でないと室の温度分布にムラができます。
> - 吹出口や吸込口の風速により騒音が発生します。

吹出口と吸込口

吹出口は、温度・湿度などを調整した空気を室内空間に放出する製品です。アメニティを生み出す性能面、インテリアに合わせたデザインやカラーなどのバリエーションから求められます。**丸型**、**角型**の天井取付用や**ノズル型**、**線状型**、**床置型**などさまざまな種類があります。吸込口も同様です。

吹出口の算定手順

吹出口の算定手順は以下のとおりです。
① 吹出口の配置の想定をします。
② 部屋に吹出口の設置すべき個数の算定をします。
③ 吹出口1個当たりの風量を算定します。
④ 吹出口の種類(点吹出口・面吹出口・線吹出口)を選定します。
⑤ 選定した吹出口の種類の性能(大きさ・寸法・拡散範囲など)を確認します。
⑥ 吹出口の吹出風速を確認し、発生騒音の確認をします。
⑦ 配置・個数・風量と大きさや寸法または形番を決定します。

許容吹出風速

吹出口を空気が通ると騒音を発生します。この騒音は部屋の用途により、許容値以下になるようにします。吹出風速が速いと騒音も大きくなります。よって、下表の風速以下とします。

建物種別	吹出風速(m/sec)
放送局	3.0以下
住宅	4.0以下
アパート	4.0以下
ホテル客室	4.0以下
演劇場	5.0以下
事務所(個室)	4.0以下
事務所(一般)	6.0以下
工場	10.0以下

吹出口・吸込口の種類

吹出口・吸込口の種類はたくさんあります。各種類の特性を熟知して選定しましょう。製造メーカーの技術資料などを参考としてください。

吹出口・吸込口の種類

取付位置	吹出口の種類	吸込口の種類
天井面	アネモ形、パン形、スロット形、ライン形、多孔板形、ノズル形(天井が高い場合)	グリル形、スロット形、ライン形、多孔板形
壁面	ユニバーサル形、グリル形、ノズル形、スロット形、多孔板形、	グリル形、スロット形、多孔板形
窓台	ユニバーサル形、グリル形	―
床面	グリル形、スロット形	グリル形、スロット形、多孔板形、マッシュルーム形(劇場など)

3-14 吹出口と吸込口

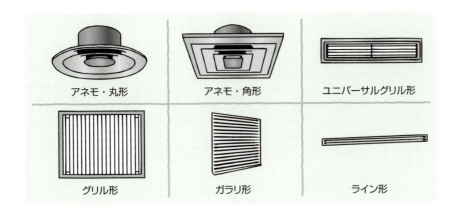

配置計画

吹出口、吸込口の配置は、①室の用途、②ゾーニング、③柱や間仕切の位置、④照明設備や防災設備との位置関係、⑤コストの要素を考慮して決定します。

一般によく使用される配置パターンです。

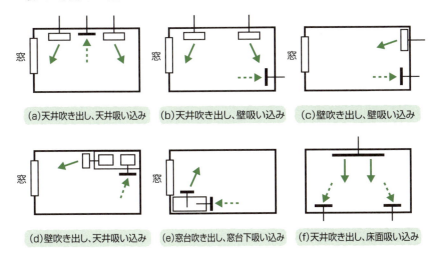

3-14 吹出口と吸込口

配置計画上の主な留意点

留意項目	留意点の説明
気流分布	吹出気流が室内に一様に分布しますか？ 吹出気流が梁などの障害物に妨げられていませんか？ 吹出気流が直接人体に当たりませんか？ 暖房時に上下の温度差が大きくなり過ぎませんか？ 吹出気流が吸込口に短絡して流れませんか？ 喫煙の多い会議室等は、天井や壁上部に吸込口を設けて排煙を可能としていますか？
騒音	騒音の発生は、風速によって変化しますが、同じ風速でもユニバーサル形は比較的騒音が大きいし、ノズル形のように小さいものもありますので選定の際、注意しましたか？ 室間、室内外のクロストークにも注意して配置しましたか。特に、ドアグリルはどうですか？
意匠	同一室内で雑多な大きさの吹出口や吸込口が並ぶのは、意匠上好ましくありません。機能上支障のない範囲内で寸法を統一してありますか？ 同一寸法のもので数を変えたり、ユニバーサル形、グリル形、スリット形などは幅寸法を統一して長さを変え調整するなどの方法をしましたか？ 室内平面をモジュールに分割して計画する場合は、各モジュールに吹出口、吸込口を設けなければなりませんが、検討をしましたか？ 照明器具を吹出口、吸込口と一体化することも多いですが、排熱効果や施工の簡易化にも有効なので検討しましたか？
汚染	塵埃濃度の高い室内では、アネモ形吹出口の周囲に汚染が目立つ場合がありますので、汚れを緩和する製品を選択しましたか？ 床面に設ける吹出口、吸込口は塵埃が入りやすいので、室の用途によっては好ましくない場合がありますが、検討しましたか？

3-14 吹出口と吸込口

各種吹出口の特性

吹出口には多種多様な製品があります。それらの吹出口の特性を熟知して選定等の参考にしてください。

各種吹出口の特性

種類			特徴	気流調節	性能				
					発生騒音		吹出し気流		
					騒音	風速	到達距離	拡散性	気流の形
点吹出口	ノズル		●到達距離が大きいので、大空間の後壁に用いられます。 ●騒音の心配が無いので、放送局のスタジオによく用いられます。	不可	極小	5m/s以下	大	小	軸流
	パンカルーバ		●吹出し気流の性状はノズルと同様ですが、首が振れるようになっていて、吹出気流の方向を変えられます。	可	極小	5m/s以下	大	小	軸流
	アネモ形		●数層に分かれたコーンから放射状に吹き出すもので、優れた誘導拡散性能をもっています。 ●アネモスタット形は、特に天井高さの低い室に適しています。	不可	中	6m/s	小	最大	伏流
	パン形		●首部分から吹出した気流が板に当たって水平に吹出します。 ●構造が簡単なので価格は安いが、全方向一様に吹き出しますので風量調節が難しいタイプです。	可	中	7m/s	中	大	伏流
線吹出口	スロット		●縦横比が大きく、全体として細隙状の形をしています。	可 不可	小	5m/s	小	大	軸流
	照明器具スロット		●側壁や窓に沿って天井や窓台（ペリメータ）に取付けますが、あまり目立たないのでデザインの点からは好まれます。	可 不可	小	5m/s	小	大	軸流
	エアカーテン			不可	小		大	最小	軸流
	ライン形		●スロット形式ですが、建築天井材として一体化しています。 ●吹出口の位置が自在に変更できます。	可	小	5m/s	小	大	軸流
面吹出口	多孔板		●自由面積比が小さいので、大きな吹出口面積が必要となります。	不可	大	5m/s	小	大	軸流
	格子板	固定羽根（グリル）	●羽根が固定されているので、一般には吸い込み用に用います。	不可	中	6m/s	中	中	軸流
		可動羽根（ユニバーサル）	●羽根の角度の変更で、自由に到達距離や降下度を調節できるので、一般には吹出し用に用います。	可	中	6m/s	可変	可変	軸流

ダンパの種類と取付位置

ダンパは、ダクトの中間に取り付け、風量の調節、切換えや逆流防止を目的とした装置です。その種類は、風量調節ダンパ、チャッキダンパ、防火ダンパなどがあります。その種類と取付位置を下表に示します。

ダンパの種類

ダンパの種類		主な使用目的	主な取付位置	操作源	法的規制
風量調整ダンパVD		・風量調整用 ・切換運転用 ・静圧調整用	・送風機、空調機の吐き出し側および吸い込み側 ・分岐ダクトで風量調整を必要とする箇所 ・ダクト系で切り換えて使用するような箇所	手動	
モーターダンパMD		・風量の自動調整用 ・切換運転の自動化 ・逆流防止用	・外気量制限を行う空調機等の外気ダクト ・自動的に切り換えて使用するダクト ・共通シャフト等で逆流防止をする必要のある箇所	電気または空気	
チャッキダンパCD		・逆流防止用	・共通ダクト等で逆流防止をする必要のある箇所 ・大口径のときは圧力損失をチェックする	自力式(一方の流れ方向に対しては気流圧力にて開くが、逆方向へは開かない)	
防火ダンパ	温度ヒューズ式 FD、HFD (排煙用)	・火災がダクトを通じて他の部屋に延焼するのを防ぐ	・防火区画を貫通するダクト ・延焼の恐れのある部分にある外壁開口部 ・厨房用排気ダクトで火を使用するもののフード近辺	ダクト内気流が72℃以上になるとヒューズが溶けて自動的に羽根が閉じる(HFDは280℃)	建基法施行令第112条
	煙感知器連動式SD	・火災時煙がダクトを通して上層階にまわるのを防ぐ ・FDを兼用する場合はSFDとなる	・2以上の階にわたるダクトの防火区画貫通箇所で次の部分 ①貫通ダクトがスラブを貫通する箇所 ②シャフト内の貫通ダクトに枝ダクトが接続する箇所 ③竪穴区画を貫通するダクト	煙感知器よりの信号でダンパを電気式または空気式にて閉鎖させる	建基法告示第256号
	熱感知器連動式HFD	・火災がダクトを通して他の部屋に延焼するのを防ぐ	・防火区画を貫通するダクト ・延焼の恐れのある部分にある外壁開口部	熱感知器よりの信号でダンパを電気式または空気式にて閉鎖させる	建基法施行令第112条
ガス圧作動ダンパGD		・ハロンガス消火又は炭酸ガス消火を行う部屋で、消火時ダクトを通して消火用ガスが漏れ、消火作用が低下するのを防ぐ	・ハロンガス消火または炭酸ガス消火を行う部屋(電気室、電算機室、駐車場、原綿倉庫、ゴム類貯蔵所等)	感知器連動遠隔操作又は手動で消火用ガスボンベを開放すると、そのガス圧でダンパが閉鎖する	消防法施行令第16条、第17条

3-15 ダクトサイズの決定

ダクトサイズの決定方法

> **Point**
> ●ダクト寸法の決定法は定圧法で換気・空調ダクトを求めることが多い。
> ●ダクトサイズを求めるのに空調ダクト計算尺が便利です。
> ●巻末の「ダクトの摩擦損失線図」を参照してください。

ダクトの設計

ダクトの設計は、静圧を基準とする方法と、全圧を基準とする方法があります。

またダクト寸法の設計には、等速法、定圧法、静圧再取得法などがあり、一般的には低圧ダクト方式で全圧を基準とする定圧法が広く用いられています。

①ダクトの単位長さ当たりの摩擦抵抗（通常は1Pa/m）を設定し、すべてのダクトをこの摩擦抵抗に等しくなるようにダクト断面寸法を設計します。

②送風機は、各ダクト系のうち最も摩擦抵抗が大きくなる系統（主ダクト系）に対する容量とします。

③主ダクト系以外の摩擦損失の少ないダクト経路については、定圧法によって設計したダクト寸法を小さくするなどして、ダクト系の摩擦抵抗を主ダクト系の摩擦抵抗に近づける修正を行います。

ダクトサイズの決定

ダクトの寸法を決定する方法として、ある圧力損失を決定して、その圧力損失内で収まるようにダクトサイズを決定する方法を**定圧法**といいます。

また、ダクト内の風速でサイズを決める定速法があり、排煙ダクトは風速25m/sec、高速ダクトは15m/sec、消音系ダクトは5m/sec前後で求めます。定速法はダクトサイズ区間ごとの圧力損失を集計する必要がありますが、定圧法はダクトの長さと圧力損失を掛けることで求めることができ簡単です。

3-15 ダクトサイズの決定

● **主風道**

①風量に見合う風速を求め、寸法を決める（次ページ計算式参照）。
②計算の結果、基部風速、全体の摩擦抵抗が過大の時は、摩擦損失係数を修正し再計算します。

● **分岐風道**

①分岐点から主風道終端までの抵抗と同じ抵抗になるよう許容摩擦損失を求め、寸法を決める。
②簡便法として主風道と同じ摩擦抵抗により決めてもよいですが、この場合は主風道との抵抗差を調整できるダンパを設けます。

● **抵抗計算**

全圧基準で圧力損失、局部抵抗係数および局部抵抗相当長により計算する。

● **相当長の概算値**

ダクトの状況	直管長の倍率
小規模または曲がりの多いとき	1.0～1.5
延長50m以上の大規模のとき	0.7～1.0
消音装置が多いとき	1.5～2.5

● **計算式**

直管ダクト内の摩擦損失と局部ダクトの圧力損失の計算式を次に示します。

計算式

		計算式
直管風道の圧力損失		$\varDelta Pt Pa = \lambda \times L / d \times v2 / 2 \times \rho$ $ = \lambda \times L / d \times Pv$ λ:直管の摩擦係数 L:直管部の長さ(m) d:直径(m) v:流速(m/sec) Pv:動圧(Pa)
局部風道の圧力損失	局部抵抗係数による時	$\varDelta Pt Pa = \zeta \times v2 / 2\rho$ $ = \zeta \times Pv$ ζ:局部抵抗係数
	相当長さによる時	$\varDelta Pt = \lambda 1 = le / d \times v2 / 2\rho = \zeta \times v2 / 2g \times \rho$ $\therefore le = \zeta / \lambda \times d$ le:相当抵抗長(m) $\lambda 1$:局部の摩擦係数

局部抵抗係数ζは、空気調和衛生工学便覧に掲載されています。

3-16 空調設備の配管

配管設計の基礎

Point
- 空調設備に使用される流体は、水・蒸気・冷媒・空気などです。
- 配管の流速は、屋内配管では2.0m/sec以下に選定。銅管は1.5m/sec以下にしましょう。

配管設計の基礎

空調設備で利用される液体や気体などの流体には次のように多種類があります。

①冷水、温水
②水蒸気とその凝縮水
③冷媒（液、ガス）
④液体燃料（灯油、軽油、重油など）
⑤気体燃料（都市ガス、LPガスなど）
⑥空気

これらの流体を搬送するための配管系の設計のための基本法則も、設計手順も、流体の種類にかかわらずほとんど同じです。

空調設備配管の種類

空調設備配管の種類、流体、用途などを次ページ表に示します。

空調用配管材料

空調用配管材料の名称、規格、適用を右表に示します。配管材の特性を熟知して、適材適所で選択してください。

空調配管の種類

目的	流体	配管の種類	使用温度・圧力範囲・用途
熱搬送	水	冷水配管	5～10℃
		冷温水配管	冷水5～10℃、温水40～50℃
		温水配管	100℃未満、一般に40～80℃
		高温水配管	100℃以上、一般に120～180℃
		冷却水配管	20～40℃
	不凍液	不凍液配管	氷蓄熱(-10～-5℃)、ソーラーシステム
	蒸気	(低圧)蒸気配管	0.1MPa未満、一般に0.01～0.05MPa
		(高圧)蒸気配管	0.1MPa以上、一般に0.1～1.0MPa
	冷媒	冷媒配管	フロン
	空気	空調ダクト	
物質搬送	燃料	油配管	重油、灯油
		ガス配管	都市ガス、プロパン、ブタン
	水	ドレン配管	冷却コイルなどの凝縮水
		給水配管	補給水用など
		排水配管	
	空気	換気ダクト	
		排煙ダクト	
その他	水	膨張管	
	空気	通気管	
		圧縮空気配管	計装用

空調用配管材料

種類	管の名称	記号	規格	適用
鋼管	水道用亜鉛めっき鋼管	SGPW	JISG3442	1MPa以下の水、給水・冷却水など
	配管用炭素鋼鋼管	SGP	JISG3452	1MPa以下、-15～350℃の蒸気・水・油・ガス・空気など (黒管)蒸気、高温水、油、冷媒など (白管)冷温水など
	圧力配管用炭素鋼鋼管	STPG	JISG3454	350℃程度以下の圧力配管 蒸気、高温水、冷却水など
	一般配管用ステンレス鋼管	SUS304 TPDほか	JISG3448	1MPa以下の水、冷温水・給水・冷却水など
	配管用ステンレス鋼管	SUS304 TPDほか	JISG3459	耐食・低温・高温用 冷温水・冷却水など
ライニング鋼管	水道用硬質塩化ビニルライニング鋼管	SGP-VAほか	JWWAK116	1MPa以下の水、給水・冷却水など
	水道用ポリエチレン粉体ライニング鋼管	SGP-PAIほか	JWWAK132	1MPa以下の水、給水・冷却水など
	給湯用硬質塩化ビニルライニング鋼管	C-VA	WSP043	85℃以下、1MPa以下の水 冷温水・給湯など
銅管	銅および銅合金継目無管	C-1220 K・L・M	JISH3300	K:高圧用、L:中圧用、M:一般用 冷温水、冷媒、給湯など
プラスチック管	硬質塩化ビニル管	VP VU	JISK6741	一般流体輸送用 排水・通気用
	耐熱性硬質塩化ビニル管		JISK6776	90℃以下の水　冷温水など
	架橋ポリエチレン管	PN10 PN15	JISK6769	95℃以下の水 冷温水、冷却水、床暖房など
	ポリブデン管		JISK6778 JPBPA102	90℃以下の水 冷温水、冷却水、床暖房など

3-17 冷温水配管

冷温水の配管法の分類

> **Point**
> ●配管経路は最も合理的な経路となるように決定します。
> ●熱源機器および熱交換器の水流量は原則として一定とします。
> ●配管には伸縮継手を設け、冷温水の温度変化による伸縮を吸収します。

冷温水の配管法の分類

水配管は、いろいろの見方から分類されています。

①一過式と循環式

パッケージ形空調機の冷却水として供給された水管で、**使用された水をそのまま捨ててしまう使い方を一過式**といいます。現在は水の無駄使いという理由で用いられていません。**一度使用した水を冷却塔で冷却して再利用しているような利用法を循環式**といいます。冷却水のみでなく、冷水配管や温水配管でも一般に採用されています。

②開放式と密閉式

循環式配管で、**機器等で大気に開放されているような配管方式を開放式**といい、**逆に大気中に開放されていない場合を密閉式**といいます。

配管系内で水温が変化すると水は膨張・収縮します。膨張すると容器内で非常に大きな圧力となり、容器等を破壊する場合があります。また、収縮すると、小さな隙間からも空気が系内に入り込み、水の流れや熱交換器の伝熱を妨げてしまいます。よって、密閉式の場合は、このような水の膨張・収縮を吸収するために**密閉式膨張タンク**を設けます。

配管の長寿命化を考慮して密閉式の採用が多いです。

③直接還水法（ダイレクトリターン）と逆還水法（リバースリターン）

多数の放熱器類に、1つの配管系に接続される場合、配管スタート側に近い放熱器から遠方の放熱器へと供給管が配されます。放熱きからの還水は、遠方から近くに設置してある放熱器のほうへと戻ってきます。このような配管系を**直接還**

水法といいます。これに対して、供給管は直接還水法と同じですが、還水管は一度遠方のほうまでまわってから配管スタート点まで戻ってきます。この配管法を**逆還水法**といいます。

　なぜ、逆還水法を採用するのでしょう。放熱器等への全配官長が等しいと、全抵抗もほぼ等しくなりますので、流量のバランスがとりやすくなるからです。ただし、配管スペースを多くとり配管工費も高くなるので、最初の機器と最後の機器との間の配管長が 30m 程度の場合は、あまり用いられていません。

配管の設計手順

A. 配管方式（ダイレクトリターンかリバースリターン）を決めます。
B. 配管経路を決定します。
C. 各配管の受け持つ流量と圧力損失を計算します。
D. 使用する管材の流量線図より管径を求めます。
E. その管径の時の流速が許容範囲内にあるかどうかをチェックして、最終管径を決定します。
F. 配管途中に取り付ける器具類や弁類を決定します。
G. 全配管抵抗を算出し、循環ポンプの揚程を決め、循環量に見合うポンプを決定します。

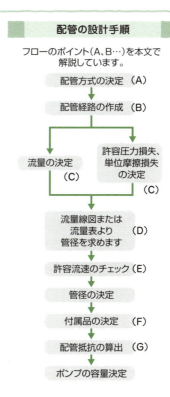

配管の設計手順

3-18 冷媒配管

システム内の熱エネルギーの移動をつかさどります

Point
- 冷媒配管のサイズ、許容配管長、高低差はメーカーにより異なります。
- 冷媒ガスはオゾン層を破壊しないものにしましょう。
- 冷媒配管設計に必要なデータは採用する機器メーカーから入手します。

冷媒配管とは

冷凍サイクルにおいて、**システム内を循環しながら熱エネルギー移動の役割を受け持つ作動流体を冷媒**と呼びます。冷媒ガスとして利用されるのは、フロン規制でオゾン層を破壊しない新代替フロンHFCです。この冷媒ガスを使用する屋外・屋内空気熱交換器との間を冷媒管で結びます。

冷媒配管の設計手順

A. 冷媒配管方式には、ライン分岐、ヘッダ分岐およびこれらの分岐方式を組み合わせる方式があります。

B. 冷媒配管経路を想定し作成します。

C. 冷媒管のサイズ、配管長、高低差等は、各メーカーにより異なりますので、メーカーの資料や担当者との協議が必要です。

D. 各メーカーには細かく設定されていますので、メーカー資料を参照してください。

E. 外気温による補正、冷媒配管の長さおよび高低差による補正や室内吸込み空気温度による補正値があり、補正後管径を決定します。

F. 冷媒ガス追加充填量の算定をします。

G. 上記の補正等を行い、冷媒配管の最終決定をします。

冷媒配管の設計手順

フローのポイント(A、B…)を本文で解説しています。

- 冷媒配管方式の決定 (A)
- 冷媒配管経路の作成 (B)
- 冷媒管のサイズは、メーカーの機器サイズに合わせます (C)
- 冷媒管の長さ、高低差の制限許容値の検討
- 機器能力における許容サイズのチェック (D)
- 管径の決定
- 冷媒ガス追加充填量の算定 (E)
- 機器能力等の補正 (F)
- 冷媒配管の決定 (G)

冷媒配管方式

室内ユニットと屋外ユニットの配管方式には、**屋外機1対室内機1の専用形と1つの屋外ユニットに対し複数台の室内ユニットを設置するマルチ形**があり、マルチ形の配管方式にはライン分岐、ヘッダ分岐およびこれらの分岐方式の組み合わせ方式があります。

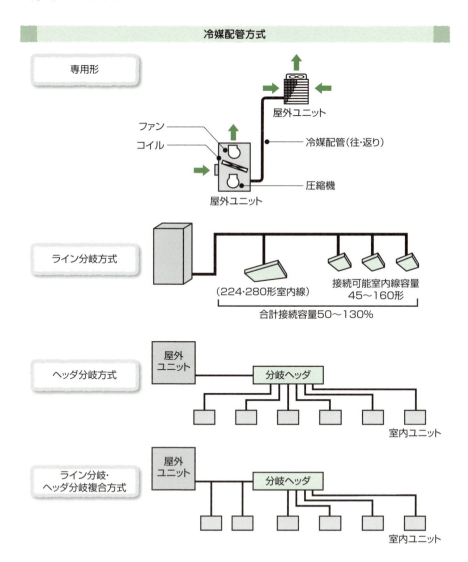

3-19 ドレン配管

エアコンなどに設置する水抜きのことです

> **Point**
> - ドレン管の最小口径は原則25mmとします。
> - 使用する管材はVP、SGPが一般的です。
> - 配管の逆勾配は許されません。

ドレン配管とは

冷房運転中は、室内の潜熱を処理しますので空気中の水分が蒸発器表面に結露します。この**凝縮水を屋外等へ排出するためにドレン配管**が必要となるのです。一度に多量の排水はありませんが、無視することはできません。

配管径の決定

ドレン管は、空調機の機内で塵埃の吸収や水垢などの堆積が多いので、管径決定の際は十分余裕をみて配管径を決定する必要があります。

ドレン量(kg)＝処理風量(m^3/h)×空気比重(kg/m^3)×空調機出入口絶対湿度差(kg/kg[DA])

なお、通常の冷房では1kW当たり0.0057L/min程度のドレン量があるといわれています。横主管の管径は下表を参考にしてください。

エアコンのドレン管

管径(A)	受け持てる室内機の合計容量(kW)
32	8.6
40	12
50	19
65	31
80	191
100	414

管径(A)	ファンコイルユニット台数	エアコン・パッケージ台数
25	1～3	～1
32	4～6	～2
40	7～10	3～6
50	11～15	7～12
65	16～	13～24
75		25～40

3-20 灯油配管

灯油配管設計のポイント

> **Point**
> - 配管径は、灯油使用量から決定します。
> - 灯油摩擦損失線図の推奨流速を超えない範囲内で口径を決定します。
> - 戻り油管は送油管の1サイズアップ以上とします。

灯油配管の設計

　灯油配管に塩ビやビニルホースを使うことは**厳禁**です。これらの石油化学製品は、歳月が経つと灯油によって溶けてしまうからです。灯油配管には銅管を使うのが鉄則です。凍結に関しては、**灯油の融点は－26℃**ですが、もっと冷え込む場合は埋設配管とするなどの工夫が必要です。

1日最大灯油使用量

　機器を決定した場合にその機器の仕様書に記載されていますので、その数値を基に**1日最大灯油使用量**を算出します。その量を使用時間で割ると時間当たりの使用量が算出できます。それが時間平均使用量です。それの2倍すると時間最大灯油使用量となり、この最大使用量が機器容量の算定基準となります。

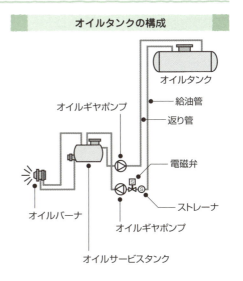

オイルタンクの構成

①**オイルタンク容量算定**

　1日最大使用量×貯蔵日数（通常＝7～14日）

②**オイルサービスタンク**

　時間最大使用量×貯蔵時間（通常＝1～1.5）

③**ポンプ揚油量の算定**

　時間最大使用量×余裕係数（通常＝1.5）

3-21 換気の目的
換気の要因と換気方式

> **Point**
> ●換気方式には自然換気と機械換気の2種類があります。
> ●機械換気方式は使う場所や目的によって選択しましょう。
> ●排気扇があっても給気口がなければ換気はできません。

換気の目的

換気とは、自然または機械的手段により、室内の空気と外気とを入れ替えることです。

これにより、室内空気の浄化、熱の除去、酸素の供給、水蒸気の除去、臭気の除去、危険ガスや有毒ガスの除去を行います。

一般的には、室の換気を行う目的は1つにかぎらず、例えば居室では「空気の浄化」「熱の除去」「酸素の供給」など、厨房では「熱の除去」「水蒸気の排除」「空気の浄化」「調理器具への酸素の供給」など、数種の目的を持つのが普通です。

下表に室の用途と換気を必要とする要因を示します。

室名と換気を必要とする要因

室名	換気必要上の諸因子	室名	換気必要上の諸因子
厨房	臭気・熱・湿気・燃焼ガス	空調機室	熱
配膳室(パントリー)	臭気・熱・湿気	監視室・ELV室	熱
湯沸室	熱・燃焼ガス	変電室・制御盤室	熱
浴室	湿気	電気室	熱
便所	臭気	自家発電機室	熱・燃焼ガス
手洗・洗面所	臭気・湿気	オイルタンク室	危険ガス
映写室	熱	焼却炉室	熱・燃焼ガス・臭気
バッテリ室	有毒ガス	洗濯室	熱・湿気・臭気
車庫	有毒ガス	リネン庫	熱・湿気・粉塵
暗室	臭気・熱	倉庫	熱・湿気・臭気・細菌
ボイラ室	熱・燃焼ガス	病院	熱・臭気・細菌
ポンプ室	熱		

換気方式

機械換気とは、外気を送風機により強制的に給気、または排気し、室内空気の入れ換えを行うことをいいます。

機械換気による方式は、次の3種類に分類されます。

①給排気とも機械換気設備で行う**第一種換気法**、②給気を機械換気設備で行い、排気は自然排気口または隙間から行う**第二種換気法**、③排気を機械換気設備で行い給気は自然給気口または隙間から行う**第三種換気法**です。

これらの3種類には、それぞれの特徴があり、使う場所や目的によってそれぞれの方式を選択することになります。

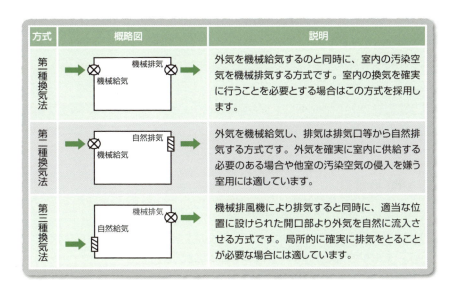

3-22 換気量
必要換気量と関連法規の内容

Point
- 換気量は用途、目的、グレード、法的な規制で決まります。
- 法規の規定を調査しそれに基づいた設備を設置しましょう。
- フードとは天蓋(てんがい)のことです。

換気量

換気量を決めるには、室の使用目的と使用状況を十分考慮し、いくつかの**換気必要因子(熱・ガス・臭気など)の各々の換気量を算定し、そのうちの最大値をその室の換気量**とします。

各室に対する換気量は、下表の値が一般的に用いられています。ビル管理法で制定されている室内 CO_2 許容濃度を 0.1% とするためには、在室者 1 人当たりの必要換気量は 30m³/h となります。また、便所、浴室、洗面所など継続して使用しない室の換気量は、その室の容積に必要換気回数(回/h)を乗じて、室内の空気を 1 時間に何回取り替えたかを表します。

必要換気量

部屋の換気に用いられる風量を換気量といいます。一般には 1 時間当たりの空気の体積 [m³/h] で表示します。また、**室内の空気環境を良好な状態に保つために必要とされる最小限の取入外気量を必要換気量**といいます。

必要換気量は、換気を必要とする汚染物質の室内での発生量を、室内の許容汚染物質濃度と取入外気中の汚染物質の濃度の差で割って求めることができます。計算式は、

$$必要換気量 [m^3/h] = \frac{汚染物質発生量 [m^3/h]}{(許容汚染物質濃度 [m^3/m^3] - 外気汚染濃度 [m^3/m^3])}$$

です。

換気回数

換気のための1時間当たりの外気量、給気量または排気量を、その部屋の容積で割った値を**換気回数**といいます。単位は[回/h]です。

居室の必要換気量

建物、室内	在室密度 (㎡/人)	必要換気量 (㎥/(h/㎡))
住宅・アパート	3.3	9.0
事務所(一般)	4.2	7.2
ホテル客室	10.0	3.0
劇場・映画館	0.6	50.0
デパート(一般売場)	1.5	20.0
デパート(食品売場)	1.0	30.0
デパート(特売場)	0.5	60.0
レストラン・喫茶	1.0	30.0

SHASE-S 102「換気基準・同解説」

換気に関する主な法規の内容

室名	要点	法規
居室(自然換気)	給気口、排気口、排気筒など	建築基準法
居室(機械換気)	風量、給気口、排気口、給排気扇	建築基準法
火気使用箇所	給排気口、フード、風量、換気扇	建築基準法
屋内作業所	開口部が床面積の1/20以上	労働安全衛生規則
駐車場	床面積1㎡当たり換気量25m³/h以上	東京都建築安全条例
劇場、公会堂など	床面積1㎡当たり外気量75m³/h以上	東京都建築安全条例
地下建築物	床面積1㎡当たり外気量30m³/h以上	東京都建築安全条例

3-23 換気に関する主な法規

建物用途別に基準があります

Point
- 基本は建築基準法ですが、地方条例も無視することはできません。
- 建物用途別や汚染物質別などの換気量算定は各々あります。迷わず規定にしたがいましょう。

関連法規

換気に関する関連法規には、細部にわたり多くの規制があります。家庭用品品質表示法、電気用品安全法、省エネ法、建築基準法、建築基準法施行令、国交省告示、消防法、火災予防条例、労働安全衛生規則、ガス事業法施行規則、事務所衛生基準規則、総務省令、などです。

建築基準法における換気設備の基準

換気や換気設備は建築基準法に基本的な規制があり、技術的な基準は建築基準法施行令、建築基準法施行規則や同法に基づく国交省告示に示されています。

建築基準法では換気設備が定義され、これによると換気設備は建築設備の1つで、建築確認が必要な建築物の換気設備は報告や検査が求められています。また、住宅等の居室には床面積の1/20以上の換気のための開口や換気設備が求められています。建築基準法施行令では、換気設備に関する技術基準が示されています。その主な一覧を右表に示します。

シックハウス対策

平成15年7月1日より、シックハウス対策に係る改正建築基準法が施行され、機械換気設備の設置が義務付けられました。

シックハウス対策としての換気は、住宅全体について化学物質濃度を低下させるために**全般換気**、**機械換気**、**連続運転**とする必要があります。機械換気は、給気と排気の両方、またはどちらかにファンが必要です。

換気量の算出は、建築基準法では、「換気量（m³/h）＝換気回数*（回/h）×

居室の床面積（m²）×天井高さ（m）」により求めた換気量以上の換気設備が必要です。その違いは**ホルムアルデヒト発散建築材料**の等級ごとの使用可能面積で変わります。

＊…住居の居室等：0.5回/h以上、それ以外（非居住等）：0.3回/h以上

建築基準法における換気設備の基準類一覧

区分	技術的基準が適用される室の種類		適用される規定（準用される規定を含む）
設置義務のある場合	**一般建築物の居室** ●床面積の1/20以上の換気のための窓その他の有効な開口面積を有しないもの （法第28条第2項）	自然換気設備の場合	○令第20条の2第1号 ○令第129条の2の3第1項 ○建告第1826号第1（昭45.12.28）
		機械換気設備の場合	○令第20条の2第2号 ○令第129条の2の3第2項 ○建告第1826号第2（昭45.12.28）
		中央管理方式の空気調和設備の場合	○令第20条の2第3号 ○令第129条の2の3第3項 ○建告第1832号（昭45.12.28）
	特殊建築物の居室 ●劇場、映画館、演芸場、観覧場、公会堂および集会場等の用途に供するもの。	機械換気設備の場合	○令第20条の2第2号 ○令第20条の3 ○令第129条の2の3第2項 ○建告第1826号第2（昭45.12.28）
		中央管理方式の空気調和設備の場合	○令第20条の2第3号 ○令第20条の3 ○令第129条の2の3第3項 ○建告第1832号（昭45.12.28）
	火を使用する設備または器具を設けた室（法第28条第3項）	火を使用する室などに設ける換気設備	○令第20条の4 ○建告第1826号第3（昭45.12.28）
任意に設置した場合	建築物に右欄の換気設備を設置したすべての室（法第36条）	自然換気設備の場合	○令第129条の2の3第1項
		機械換気設備の場合	○令第129条の2の3第2項
		中央管理方式の空気調和設備の場合	○令第129条の2の3第3項 ○建告第1832号（昭45.12.28）

（注）「法」:建築基準法　「令」:建築基準法施行令　「建告」:建設省告示

改正建築基準法に基づくシックハウス対策

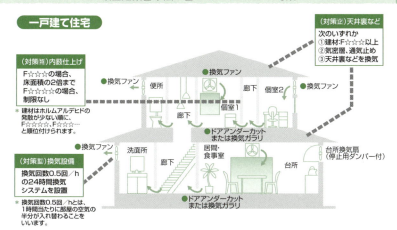

3-24 必要換気量の求め方

必要換気量の求め方を理解しましょう

> **Point**
> ●各算定法の一番大きい容量の算定量を採用しましょう。
> ●居室の換気には、シックハウス対策の換気扇を取り付けましょう。
> ●排気をする室には、必ず適切な給気口を取り付けます。

必要換気量の求め方

換気量は、その部屋の用途、換気の目的、部屋のグレード、省エネルギー効果、法的な規制などを考慮して決定します。

● 1 人当たりの占有面積から求める方法

$$必要換気量\,[m^3/h] = \frac{20 \times 居室の床面積\,[m^2]}{1人当たりの占有面積\,[m^2]}$$

1 人当たり占有面積

建物区分	1人当たり占有面積 [m^2]	備考
飲食店、喫茶店、店舗、マーケット	3	営業の用途に供する床面積
事務所	5	事務室の床面積
集会場、公会堂	0.5〜1	
ホテル、旅館	10	

3-24 必要換気量の求め方

- 室の必要換気回数から求める方法

  必要換気量 $[m^3/h]$ ＝毎時必要換気回数 $[回/h]$ ×室の容積 $[m^3]$

- 収容人員に基づく方法

  必要換気量 $[m^3/h]$ ＝１人当たり必要換気量 $[m^3/h]$ ×人数 $[人]$

  *１人当たり必要換気量は、20〜30$[m^3/h・人]$ です。

- 床面積当たり必要換気量に基づく方法

  必要換気量 $[m^3/h]$ ＝室の床面積当たり換気量 $[m^3/m^2・h]$ ×室面積 $[m^2]$

- 理論廃ガス量により求める方法

水の機能	計算式
火を使用する室等の換気設備	①台所の場合（燃焼器具から求める方法） V ＝ 定数 × K × Q 　　V : 必要換気量(m^3/h) 　　K : 燃料の単位燃焼量当りの理論廃ガス量 　　Q : 単位時間当りの燃料消費量 　　定数:換気方法により選定 　　　　40＝排気フードのない場合（開放式燃焼器具） 　　　　30＝排気フードⅠ型の場合 　　　　　　（レンジフードファンがこれに相当します。） 　　　　20＝排気フードⅡ型の場合 　　　　　　（排気筒又は換気扇等に接続したフードを設けたもの） 　　　　2 ＝バフラー・煙突使用の場合
部屋の広さ、種類から求める方法	①便所・浴室などの付室 V ＝ 室の容積(m^2) × 毎時必要換気回数(回/h)

3-24 必要換気量の求め方

● 理論廃ガス量（K）

燃料の種類	理論廃ガス量
都市ガス　13A	0.93　m³/kW·h
都市ガス　6B	0.93　m³/kW·h
LPガス（プロパン）	0.93　m³/kW·h
灯　油	12.1　m³/kg

給気口の必要性

　排気量に見合った給気量の確保が重要です。給気量が不足すると、いくら換気扇をまわしても排気はできません。給気口には、**自然給気タイプ**と**強制給気タイプ（給気用換気扇）**があります。また、自然給気タイプには、電動シャッター付きや差圧式などがあります。

換気は給気と排気という2つの作用から成り立っています。

3-25 給気口の大きさ

換気口の大きさを算定する方法

> **Point**
> - 給気口は製造メーカーの有効開口率データを確認しよう。
> - 通貨風速を大きくすれば給気口は小さくなりますが騒音がでます。
> - 一般に通過風速が5m/secを超えると、騒音が発生します。

給気口の大きさの算定

換気口の大きさは、以下の数式で算定します。

給気口の面積 [㎡] ＝排気量 [m³/h]/3600 ×（通過風速 [m/sec] ×給気口の有効開口率 [%]）

給気口の推奨通過風速と開口率　（参考値）

種別	推奨通過風速 [m／sec]	有効開口率 [%]
給気口、吸込口（GVS）	2.0	70～50
ドアガラリ	2.0	35～30
ドアのアンダーカット	1.5	100
外気ガラリ	3.0	30～25
排気ガラリ	4.0	30～25

給気口の大きさは通過風速と給気口の有効開口率で決まります。

3-26 排煙設備

排煙の目的と方式

> **Point**
> ●排煙設備は、人命の安全確保が目的です。
> ●排煙機は吸込空気温度が560℃に達しても30分以上運転ができます。
> ●特別避難階段の付室系統と他の居室などと同系統にはしません。

排煙の目的と方式

建築空間内で火災が発生した場合、可燃物の燃焼による煙やガスなどは人体に有害だけでなく、視野を塞ぎ避難を困難にします。火災の死亡者のほとんどが、煙の毒性による中毒死であるため、火災の際は煙の除去が重要です。**煙を取りのぞくための設備を排煙設備といいます。**

排煙方式には、**自然排煙方式**と**機械排煙方式**があります。

● 自然排煙方式

熱気流の浮力を利用した自然換気による排煙方式です。火災が発生した階の上方と下方に外気に開口している個所があれば、煙をともなった熱気流の浮力により上方から排煙されます。この方式は、建築意匠設計が受け持つことが多いです。

● 機械排煙方式

機械力により強制的に排煙する方式です。煙は排煙口から排煙ダクトを通って、排煙機および煙排出口より屋外へ排出されます。

● 防火区画と防煙区画の違い

防火区画とは、建築物内における延焼または煙の拡大の防止を目的として、一定の床面積ごと、異種用途ごと、階段吹抜け、その他の縦穴ごとに耐火構造の床、壁または特定防火設備によって区画された部分です。

防煙区画とは、防煙壁で区画された部分（一般には500㎡ごと、地下街では

300㎡ごと）です。

防煙区画の排煙風量

防煙区画の床面積× $1m^3/min・㎡$　以上

排煙機の風量

　排煙機の風量は、防煙区画の数、天井高さ等によって算出されますが、排煙風量が少ない場合には最低風量（$120m^3/min$）が定められています。

排煙設備の構成

　排煙設備は、排煙口・風道（ダクト）・手動起動装置、自動の場合は煙感知器・排煙機、それらを制御する制御盤と非常電源等で構成されています。

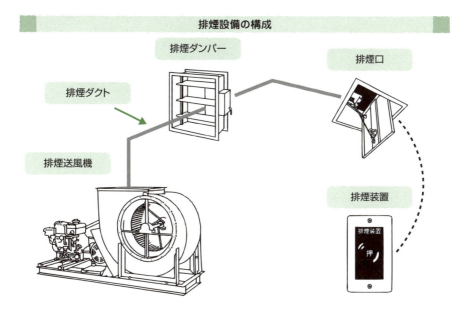

排煙設備の構成

Column

空気

　存在感のない人を「空気のような人」とよく言いますが、空気は生物にとっては、なくてはならない存在です。

　空気の組成は、大まかに分けて窒素が 4/5、酸素が 1/5。通常の空気は約 21％が酸素です。酸素濃度が 18％未満になると酸素欠乏状態です。15％以下でロウソクの火が消えます。12％以下では人は立っていられなくなり、10％で動けなくなり、6％で失神、つまり生存不可能となります。

　平均的な大人は、1日 15000 〜 20000L の空気を呼吸して生活しています。1日に 15 〜 20kg の空気を摂取していることになります。食事や水は 3 〜 5kg ですので、1日に人間が摂取する物質の 85％程度が空気という計算になります。毎日大量の空気を体内に取り込むのですから「空気の質」が健康に大きな影響を与える存在だということが分かるでしょう。

　日本の気候は夏は高温多湿、冬は低温低湿という特徴があります。木造住宅は、日本の気候に適した住宅とされてきました。壁や畳などの素材が呼吸するので通気性がよく、隙間風などが自然に空気の循環を行ってくれています。しかし、近年の住環境は大きく変わりました。コンクリート住宅が増え、サッシや断熱性の向上により高気密高断熱住宅となりました。

　もともと密閉された室内の空気は屋外の空気と比べ、一酸化炭素、二酸化炭素、化学物質などの汚染物質が高濃度になります。これは人体にさまざまな健康問題を引き起こします。業界では「シックハウス」と言っています。健康被害を受けず、健康で健やかな生活を営むために、空気環境を知り、清潔な空気を育む取り組みが必要となってきます。

　建築設備では、空気調和・換気設備として、十分な換気で空気を清潔に保つための「換気設備」、室温を冬は 20℃前後、夏は 28℃程度を目安として、湿度も 40 〜 60％、を保つための「冷暖房設備」、空気の清浄度を保つための「空気清浄設備」とそれらをコントロールする「自動制御設備」などの組み合わせで対処しています。

　設計段階において建物の熱的特性を把握し、その特性にふさわしいシステムの構築が肝要です。エネルギーの有効利用という観点からからは、蓄熱システムの導入も効果的な選択の1つとして考えられます。近未来に対応できる空調設備を期待します。

第4章

電気設備

　現在の私たちの文化的な生活は、電気設備が支えています。停電すると、照明も電化製品もエアコンも使うことができず、日常生活に支障をきたします。
　電気設備とは、建物における負荷設備、供給網、供給源等の施設ならびに情報、防災設備など電気エネルギーにより稼動し、また応用・利用される装置すべての機器のことを指します。電気設備は、敷設場所により建築電気設備、工場電気設備、公共施設電気設備の3種類に分類されます。

電気設備設計の流れ

▼本章で解説する電気設備の設計プロセスです。全体のフローをまず確認しましょう。

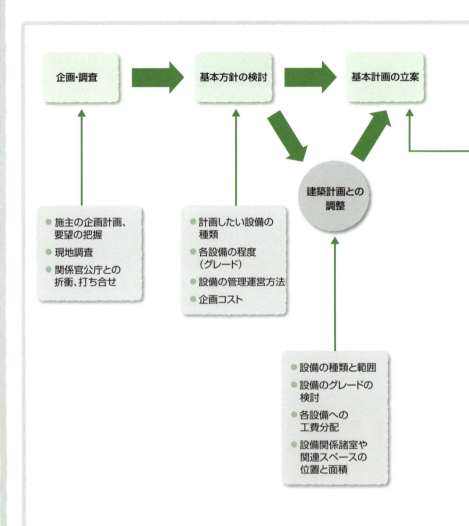

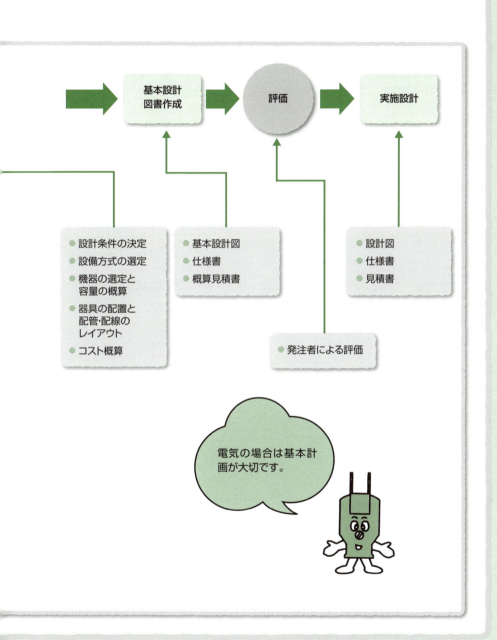

4-1 法令と電気設備

電気に関する法律・法令があります

> **Point**
> - 電気関係法令は、電気保安・電気事業・電気工事・電気用品関係の各法令です。代表的な電気関係規格は「内線規定」です。
> - 都市インフラで電気の整備が生活基盤を支えています。

法令と電気設備

ライフラインとして重要度が増しているのが**電気**です。停電すると照明も電化製品もエアコンも使えず、身動きができなくなり、日常生活に支障をきたします。電気は、安全・安心で安定供給できるように各法令によって規制されています。

それらを十分理解することが技術者には必要不可欠です。法規には、政省令、告示、地方自治体の条例・規則などがあり、さらに解説、指針などもあります。

電気関係法令は、電気保安・電気事業・電気工事・電気用品関係の各法令です。

● 電気保安・電気事業関係
・電気事業法
・電気関係報告規則
・電気設備に関する技術基準を定める省令
・電気設備技術基準の解釈

● 電気工事関係
・電気工事士法
・電気工事業の業務の適正化に関する法律

● 電気用品関係
・電気用品安全法

● 電気関係規格
・内線規定
・劇場等演出空間電気設備指針
・演出空間仮設電気設備指針
・高圧受電設備規程

● その他日本電気技術規格委員会規格
・日本工業規格（JIS）

● その他の関連法令
・エネルギーの使用の合理化に関する法律
・労働安全衛生法
・製造物責任法
・建築基準法
・建設業法
・建築士法
・消防法
・航空法
・電波法
・電気通信事業法
・有線電気通信法

電気の法令がたくさんあるのは、さまざまな分野との関連があるからです！

インフラって何？

　私たちの生活を支えている基盤のことをインフラストラクチュアと呼びます。建築設備では、ライフライン、すなわち**電力網、情報通信網、ガス施設、上下水道**などを指してインフラと呼んでいます。空港、港湾、鉄道、道路や橋なども生活基盤を支えていますのでインフラに含まれます。

4-2 配線の原則と基本

電圧・電流・電気抵抗の関係

> **Point**
> - 電圧とは電流を流そうとする圧力です。
> - 電流とは電荷が連続的に移動する現象です。
> - 電気抵抗とは電流の流れにくさを表す量です。

配線の基本

電気を使用する機器類には電気を流します。これが**電流**です。

電流はよく、流れる水に例えられます。**電圧**はその水を流すための水の落差（高低差）とされます。高いところから水が落ちると、そこから流れる水の勢いが強くなるので、水はたくさん流れます。電池はその水を高いところまで上げるポンプ、抵抗は水の通り道に置かれた水車に例えられます。

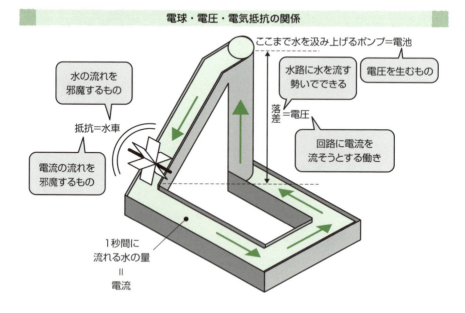

電球・電圧・電気抵抗の関係

4-2 配線の原則と基本

● 電流

電気は、＋から－へ流れます。電流の大きさを表す単位は A（アンペア）、mA（ミリアンペア）などで、電圧が大きいほど電流がたくさん流れ、抵抗が大きいほど電流は流れにくくなります。

● 電圧

電圧回路に電流を流そうとする働きです。電圧の大きさを表す単位は V（ボルト）、mV（ミリボルト）など。電圧が大きいと流れる電流も大きいです。

● 抵抗

電流の流れにくさのことです。抵抗の大きさを表す単位はΩ（オーム）など。1Vの電圧をかけた時、1Aの電流が流れる場合の抵抗値は1Ωです。抵抗が大きいと流れる電流は小さくなります。

電流、電圧と抵抗の関係が理解できたでしょうか。建物への電気供給にも、各法令で規制されたルールにより電圧の種別や電気方式が決められています。

電圧の種別

電圧は、電気設備技術基準で、3種類に区分されています。

	低圧	高圧	特別高圧
直流	750V以下	750V超過7000V以下	7000V超過
交流	600V以下	600V超過7000V以下	

電気設備に関する技術基準を定める省令においては、上記のような区分で電圧の大きさが定義されています。

- 低圧

直流にあっては750V以下、交流にあっては、600V以下のものです。

- 高圧

直流にあっては750Vを、交流にあっては600Vを超え、7000V以下のものです。

- 特別高圧

7000Vを超えるものです。

電気方式

一般に使用されている電気方式は、下表のとおりです。

電気方式	公称電圧(対地電圧)	主な用途
100V 単相2線式	100V(100V)	一般電灯、蛍光灯(30W以下)、家庭用電気機械器具
200V 単相2線式	200V(100V)	蛍光灯(40W以上)、単相電動機(40W以上)、工業用電熱器、大型事務用機械
100/200V 単相3線式	100Vまたは200V(100V)	大型住宅、商店、ビル・工場などの照明コンセント用幹線
200V 三相3線式	200V(200V)	電動機(37KW以下)、工業用電熱器、上記動力用幹線
240/415V 三相4線式	240Vまたは415V(240V)	大型ビル・工場の幹線、負荷機器の定格電圧は230Vまたは400Vとする。

日本では一般住宅用として普及している単相3線式で受電する家屋では屋内に設置する分電盤も単相3線式で構成されます。単相100Vも単相200Vも取り出すことができ、将来の200V用家庭用電気機械器具普及の前提となる配電方式です。

屋内電路の対地電圧の制限

　単相3線式の配電方式では、100V負荷が両電圧線に不均一に接続されていて、何らかの理由で中性線が欠相すると、軽負荷側の電圧線と中性線間の電圧が上昇し、100V機器に200V近い電圧がかかって焼損する恐れがあります。その回避策として屋内電路の対地電圧の制限を設けました。（電技第177条）、その主な内容を次に示します。

・**住宅の屋内電路**
　住宅の屋内電路の対地電圧は、150V以下とする。
・**住宅以外に施設する白熱電灯等に対する制限**
　白熱電灯および放電灯に供給する屋内電路の対地電圧は、150V以下とする。

電圧降下

　電圧降下とは、電気回路に電流を流した時、回路中に存在する電気抵抗の両端に電位差が生ずる現象のことです。この時電流I、電気抵抗Rと電位差Vとの関係は、**$V = IR$** となり、この関係を**オームの法則**といいます。また、1つの閉回路中での電圧降下の総和は、その回路における起電力（電源電圧）に等しく、これを**キルヒホッフの法則（第2法則）**といいます。

許容電圧降下

　低圧配線中の電圧降下は、原則として、幹線、分岐回路それぞれ標準電圧の2%以下とします。

電圧降下の計算

交流回路における電線の電圧降下 e は、一般に次の式で表します。

$e = I(R\cos\phi + X\sin\phi) = IZ$

　e：電圧降下 [V]、　I：負荷電流 [A]
　L：線路のこう長 [m]、　A：使用電線の断面積 [mm²]

回路の電気方式	電圧降下(V)
単相2線式、直流2線式	e=35.6 I L K／1000A
三相3線式	e=30.8 I L K／1000A
単相3線式、三相4線式、直流3線式	e'=17.8 I L K／1000A

このZを等価抵抗といいます。実用上は1線当たりの電圧降下ではなく線間電圧降下をいうので、配電方式ごとに上表の式がよく用いられています。

電圧 100V/200V はどうして？

日本で最初の送電（電気を送る）方式は、直流3線式でした。これはエジソンが発明した方法で、発電した電気をいったん電池に蓄えてから送電しました。関東大震災後、直流から交流に切り替えられましたが、すでに張り巡らせた配電線をそのまま使用したため**交流単相3線式の 100V/200V という配電方式**が今にいたっています。

3本の線の繋ぎ方によって100Vと200Vの両方の電気を使うことができます。

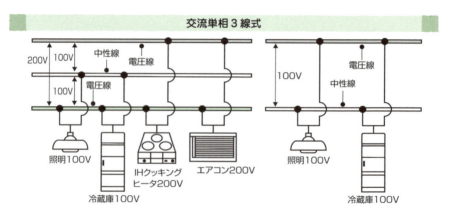

周波数 50Hz と 60Hz はどうして？

国内で東京から大阪へ引っ越すと、使用できない電化製品があります。**東日本は 50Hz、西日本は 60Hz** だからです。

これは、最初の交流発電機が、東京はドイツのアルゲマイネ社製で 50Hz（1885年）、大阪はアメリカのトムソン・ハンストン社製で 60Hz（1897年）で出力したからです。

今となっては統一は不可能ですが、周波数変換装置で両者を接続して電気を融通し合えるようになりました。そのおかげで新幹線も問題なく運行してます。

電気の安全

電気事故に感電事故があります。感電は、電流が漏れて体に流れ込む現象で、その大きさによって人に与えるダメージが違います。ビリッと感じる程度から死にいたるものまであります。

感電を未然に防ぐ工夫として機器に**接地（アース）**をとります。人体の抵抗よりも低い接地線に電流が流れることにより、身体にダメージを与えません。また、その**事故電流（漏電）**をすばやく検知して、回路を遮断する**漏電ブレーカー**も安全に寄与しています。

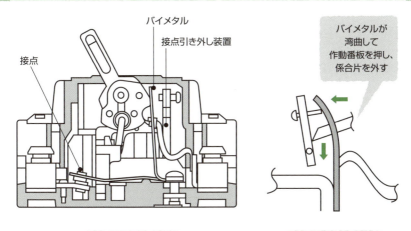

ブレーカーの内部構造／バイメタルの動き

ブレーカの内部構造例　　　バイメタルの動き

4-3 アンペアブレーカーとアンペア契約

アンペア契約とは電力会社との需給契約の一種です

Point
- 10Aから60Aまでの契約は使用状態を鑑みて決めます。
- 契約アンペア数に基づく基本料金と電力量料金などの合計が電気料金です。

アンペアブレーカーとアンペア契約

　アンペアブレーカーは、契約アンペア値を超える電流が流れた時に自動的に動作し、**電気が切れる仕組みになっています**。電流制限器とも呼ばれています。住宅内の分電盤に設置されています。リミッターと呼ばれることもあります。

　電気を使いすぎた時に「ブレーカーが落ちた！」というのは、ほとんどがこのアンペアブレーカーの動作です。電力会社は契約している電流値に適合した配電線や変圧器を設置していますので、契約したアンペア以上の電流を流すと、敷設している電線やヒューズなどにも悪影響をおよぼしてしまいます。電流を制限し、過負荷を防止し、適正な設備運用を行っています。

　ただし、アンペアブレーカーは一般の配線用遮断器や漏電遮断器と違い、配線を保護するための安全装置としての機能はありません。**アンペアブレーカーの二次側に漏電遮断器や配線用遮断器を設けることで、短絡事故や漏電事故に対して保護しています**。

契約アンペア

　契約アンペアは、家庭内で使用できる電流値の上限値です。電力会社が基本料金を決定する項目のため、過大な設定をすれば、大きな電流が流れる電気機器を多数使用することができますが、その分基本料金がかさんでしまいます。

　契約アンペアの設定は、継続的に使用する機器電流値の合計ではなく、瞬時最大で使用する電流値を想定して契約する必要があります。1人暮らしですと、ドライヤーと電子レンジなど、違う室で違う用途で使用する機器が同時運転することは予想しづらいですが、多人数の世帯では同時に使用することがあります。生活ス

4-3 アンペアブレーカーとアンペア契約

タイルに合わせた契約設定をしましょう。

特に、電流値の変動が激しいヒータ類（炊飯器、ドライヤー、電気ポットなど）やエアコンは注意が必要です。エアコンは外気温度や室内温度の影響を受けやすく、室外機に内臓しているコンプレッサーの電流値が大きく変動します。コンプレッサーは外気温度が上昇すると、冷房能力を維持するためにどんどん電流を使用してしまう特性があります。例えば、定格消費電流が 1000W と表記されていても、外気温度条件がわるく熱交換効率がわるくなると、1500W 近い消費電力となってしまうこともあります。

アンペアブレーカー

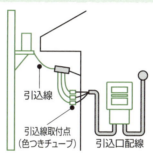

分電盤

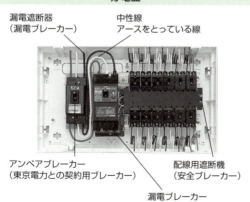

（注1）　上記分電盤は、東京電力の仕様です。
（注2）　最近はコンパクト型の分電盤も増えてきました。

写真提供：東京電力株式会社

契約アンペアの変更方法

　管轄する電力会社に連絡すれば**契約アンペアを変更**することができます。しかし、すでに敷設されている屋内配線が細いことなどで能力が不足する場合は、増強工事が必要となります。

　基本料金を下げたいからといっても、電力会社との契約は年間契約なので、春は30A、夏は60Aで行うというような変更はできません。一度決めると一年はそのままの契約になります。電力会社では、無料で契約アンペアの相談も行っていますので、専門サービス員に計算してもらうのも1つの方法です。

　電気代を節約する方法として、見直したいのは、電力会社と契約している「基本アンペア数」です。アンペア数が小さいほど基本料金も安くなっています。

　ただし、安いからといって少ないアンペア数にすると、日常生活で度々ブレーカーが落ちて停電状態になってしまいます。

　アンペア数とは、同時に使用できる最大電力の上限のようなものですから、家電製品などを同時に使用するものは何かを把握すれば適切なアンペア数を求めることができます。

　右の表は一般的な家電製品の消費電力です。これを参考に計算してみてください。冷蔵庫のように、常時動いているものを基本に、その他で同時使用する可能性のある家電製品の消費電力をを加えると、必要なアンペア数を計算することができます。

契約アンペアの変更は電力会社に相談してください。

4-3 アンペアブレーカーとアンペア契約

アンペア基本料金従量電灯B（東京電力〔2019年1月現在〕）

アンペア	料金
10A	280.8円
15A	421.2円
20A	561.6円
30A	842.4円
40A	1,123.2円
50A	1,404.0円
60A	1,684.8円

製品別消費電力の目安

製品	消費電力
エアコン（強）	15A
電子レンジ	10A
掃除機（強）	10A
ドライヤー（強）	10A
炊飯器	8A
アイロン	8A
洗濯機	4A
冷蔵庫	1.5A
テレビ	1A
こたつ（強）	5A

実際に使用している製品の消費電力を確認してください。

4-4 電線

電線の種類と用途

> **Point**
> - 電力用電線には、裸電線、絶縁電線、ケーブル、コードなどがあります。
> - 電気機器用には、線材の形状による分類と線材の材質による分類があります。

電線

電気設備で配線等に使われる電線にはいろいろな種類、サイズがあります。

内線規定では、電線とは「強電流電気の伝送に使用する裸線、絶縁電線、多心型電線、コード、ケーブルなどをいう」と定義しています。

また弱電流電線とは「電信線、電話線、その他弱電流電気の伝送に使用する裸線、被覆線、ケーブルなどをいうほか、小勢力回路の施設および出退表示灯回路の施設に規定する電線をいう」としています。

導体としては、銅（硬銅および軟銅）、アルミ（アルミ合金含む）、銅合金などが用いられ、絶縁体、保護被覆材として、天然ゴム、合成ゴムなどのほか、合成樹脂の発達にともない、現在は、ほとんど合成樹脂が使用されています。

これら電線およびケーブルには非常に多くの種類があり、それぞれ特性に特徴があります。使用に当たっては**目的に最も適したものを選定**しなければなりません。

・**裸電線**
被覆がなく導体がそのままむき出しになっているもの。
・**絶縁電線**
導体が絶縁体で覆われているもの。
・**ケーブル**
導体が絶縁体と保護被覆とで覆われているもの。線の数により、単芯、2芯、3芯などがあります。

4-4 電線

・コード
小型電気製品をコンセントに繋いで電力を供給するために使用されるもの。

電線の種類と用途

名称	呼称	用途
塩化ビニルコード	PVC	色が豊富で通信機器および電子機器の配線に便利です。
単心ビニルコード	VSF	小型電気器具内の配線に使用されます。
ビニル平型コード	VFF	小型電気器具の電源コードに使用されます。
スピーカーコード	VFF	ビニル平型コードと同じですが、色違いのため、+/−の判別に便利です。
ビニルキャブタイヤコード	VCT(F・FK)	絶縁性・耐久性に優れ、電動工具などの移動用電源コードに適しています。
ゴムキャブタイヤコード	CT(F・FK)	耐熱性・耐油性に優れ、工業用電気器具などの移動用電源コードに適しています。
Fケーブル	VVF	引込口配線および屋内配線、クーラー用配線などに使用されます。
袋打コード	FF	耐熱性に優れ、こたつなどの電熱器具の電源コードに適しています。
丸打コード	RF	耐熱性・引張り強度などに優れ、照明器具の吊コードに適しています。
クロロプレン絶縁平型コード	NNFF	耐熱性に優れ、電気ストーブ・トースターなどの電熱器具の電源コードに適しています。
600Vビニル絶縁電線	IV・GV	電気設備および電気器具などのアース線に使用されます。
チャイムコード	TIVF	チャイム・電話機等の通信用配線に使用されます。
インターホンコード	KVF	インターホン配線および通信機器の内部配線に使用されます。

電線ケーブル類のサイズ表示

　一般に電線サイズ（太さ）を表す時、単線では**直径（㎜）**、より線では**断面積（平方ミリメートル、略して sq［スケア］）**で表します。

　太い単線は折り曲げが困難となるため、屋内配線で使用される最大径は 2.6㎜ です。注意ですが、2㎜ 2sq の区別は、2.0 と表示されていれば 2㎜、2 と表示されていれば 2sq です。その他のサイズについても単線、より線の標準サイズを知っておいてください。

4-4 電線

直径と断面積対比表

直径 [mm]	断面積 [平方mm(sq)]	コード、CTの 素線数	ケーブル、電線の 素線数	コードの 許容電流[A]
1.0	0.75	0.18mm×30本	0.4mm×7本	7
1.2	1.25	0.18mm×50本	0.45mm×7本	12
1.6	2	0.26mm×37本	0.6mm×7本	17
2.0	3.5	0.32mm×45本	0.8mm×7本	25
2.6	5.5	0.32mm×70本	1.0mm×7本	33
3.2	8	0.45mm×50本	1.2mm×7本	42

　コードの許容電流値を表示しましたが、コード断面積の最大値は一般に2sqですので、それ以上のサイズは2芯ケーブルの値です。なお、3芯ケーブルでは表値の85％程度まで低下します。一般に30芯コードは0.75sqを、50芯は1.25sqを指します。8sqを超えるより線の断面積は14、22、38、60、80、100sqなどが標準サイズです。それ以上のサイズが一般住宅で使用されることはないでしょう。

電線略称に使用される記号の意味は次のとおりです。

記号	意味	備考
V	塩化ビニル	材質
C	架橋ポリエチレン	材質
F	平型	形状
R	丸型	形状
S	単芯	構造
F	コード	種別
CT	キャプタイヤー(移動用)の略	種別
2C	2芯	黒白
3C	3芯	黒白赤
4C	4芯	黒白赤緑

例：VVF1.6×3Cの場合→ビニル絶縁、ビニルシース(外装)、平型、1.6mm、3芯を表示。

　記号の次の数字が太さ（断面積）を表し、ケーブルの場合は最後に芯線の本数を表示します。

配線

配線には**動力配線**、**情報配線**、**防災配線**、**特殊配線**などがあり、それぞれ施設方式、種類、規格があります。

情報設備には、無線装置などのように外部配線のないものもありますが、アンテナ、接地、電源機器内部の配線があり、目的により配線の種類が異なるだけです。電源用配線には、容量の大小や設置場所に応じて下表に示すように、多くの種類があります。

配線の種類

分類	施設場所	配線の種類
ケーブル配線工事	屋内、屋外	屋内ケーブル配線、屋外ケーブル配線、高圧ケーブル配線、低圧ケーブル配線、操作回路配線、信号回路配線
電線管配線工事（ダクト、その他含む）	主に屋内	金属管、硬質ビニル管、可とう電線管、金属ダクト、フロアダクト、金属線ぴ、合成樹脂線ぴ
がいし引き配線工事	主に屋内	クリート配線（木栓）、ノップがいし配線、ピンがいし配線、特カップ配線、フレームがいし配線
架空配線工事	主に屋外	高圧架空配線、低圧架空配線、信号、操作回路架空配線、トロリ配線
バスダクト工事	主に屋内	フィーダバスダクト、プラグインバスダクト、トロリバスダクト
特殊配線工事（その他）	屋内、屋外	フロアヒーティング、ロードヒーティング、ルーフヒーティング、パネルヒーティング、その他電線ボードまたはシート

4-5 照明設備

照明設備の構成と照明用語

> **Point**
> ●照明は室内環境を作り出します。
> ●明かりの基準は日本工業規格で推奨照度が定められています。
> ●LED照明は低消費電力で長寿命です。

照明設備

　照明設備とは、電気エネルギーを光エネルギーに変換して、その光を生活に役立たせることを目的とした設備です。

　照明設備は、光を作り出すための光源・照明器具、光源に電気を供給するための分電盤・配線、照明を制御するための点滅器・調光器などから構成されています。

　ハード部分と、照明方式、照明手法、配線設計、施工などのソフト部分に分けられますが、照明対象物の目的に応じて、ハードとソフトを最も適切に組み合わせることが必要です。

　照明設備には、従来コンセント設備が含まれています。それは、コンセントが主として照明の補助的手段としての電気スタンドに使用されていたことに由来します。

光源

　光源は、白熱電球、蛍光灯の発明後、新技術・新製品の開発により多種多様となっています。

　最近、半導体を応用した **LED（発光ダイオード）** が実用され、長寿命で消費電力が大幅に削減できます。ランプ交換が大変な箇所には最適です。

　いずれにしても、光色や点灯など光源の特徴を生かした取り付けが望まれます。

光源の選定

　質のよい明かりがよいか、明るいことを優先にするかで、**演色性のよい光源か**、

効率の高い光源を選ぶことになります。また、明かりの基準は、日本工業規格（JIS）で推奨照度が定められていますので参考にするとよいでしょう。

特殊な照明としては、水中照明や劇場照明、危険物施設の照明、電飾照明があり、そのほかに空港・野球場などの屋外スポーツ施設などがあります。

LED電球

蛍光ランプ

写真提供：パナソニック

照明施設

照明施設は主に室内環境作りを行います。昼間、明かりの少ない場所には人工照明を設けたり、夜間の建物には明かりを与え、地下や無窓の部屋を明るくすることが目的です。

住宅の照明で考えると、玄関はアプローチとしての演出の場所です。リビングはくつろぎと憩いの場で、寝室は安らぎと休憩の場所、台所は生産環境となります。

照明の方法、方式、器具類は、生活レベルの変化等による影響を受け、時代の変遷により変化します。また、室内装飾、家具、建具などの流行変化にも対応していきます。居住者の好み、使い勝手、家具等との調和、各年齢層による使用の配慮のほかに、消費と快適性のバランスなどを念頭に設計しましょう。**照明のポイントは、明るさと演出効果、照明配分、デザインと室内装飾（イメージ）、演色性の配慮と滞在時間と点灯時間です。**

照明設備の主な用語

照明設備を理解するうえで、最低限必要な専門用語を理解してください。

● **放射スペクトル**

光が単色光成分に分解して波長の順に並んだものです。

● **照度（lx：ルクスまたは lm/㎡）**

与えられた点を含む微少面に入射した光束を、単位面積に換算した値です。

● **光束 （lm：ルーメン）**

放射束を視覚によって測った量です。光の量のことです。

● **光度（cd：カンデラ）**

点光源からある方向へ向かう光束を、その光源を頂点とし、その方向への単位立体角当たりの光束に換算した値です。

● **輝度（cd/㎡）**

光の発散面上の1点から、ある与えられた方向に向かう光度を、その点を含む微少面の与えられた方向への正射影面積で割った値です。輝きの度合いのことです。

● **色温度（K：ケルピン）**

ランプの光色は色温度で表されます。標準である黒体という物体を加熱すると、温度が高くなるにしたがい、黒色→深赤→橙→桃色→白→青白→青と光色が変化します。その時の温度により、ランプの光色を表しているのです。

● **演色性**

規定条件のもとで基準光源による物体の色の見え方と、ある光源による物体の色の見え方を比較し数値で表した光源の性質をいいます。

● グレア
まぶしさのこと。見ようとする対象物が見えにくくなったり、不快感を与える現象のことです。

● ランプ効率（lm/W）
ランプの全光束と消費電力の比。発光効率ともいいます。照明機器が一定のエネルギーでどれだけ明るくできるかを表しています。

● 光束発散度（lm/m²）
ある面の単位面積から発散する光束、つまり光束密度をいいます。面に入射した光は吸収、反射、透過します。実際に見える明るさは反射する光の量で決まります。

● 均等拡散面
すべての方向からの輝度が同じとなる、理想的な面です。

● 照度分布
一度に作業面で測定し、照明による明るさの広がりを求めるものです。

● 配光
光源が放つ空間への光の分布です。

● 日本工業規格（JIS）照度基準
照度は、JIS 照度基準に示されています。建物種別ごとに推奨照度が定められています。その照度の範囲にあれば、安全で利便性があります。

4-5 照明設備

JIS 照度基準表（住宅）

照度 (lx)	居間	書斎	子供室 勉強室	応接間 （洋間）	座敷	食堂 台所	寝室	家事室 作業室
2,000								
1,500	○手芸 ○裁縫							○手芸 ○裁縫 ○ミシン
1,000								
750		○勉強 ○読書	○勉強 ○読書					
500	○読書 ○化粧(*1) ○電話(*4)					○食卓 ○調理台 ○流し台	○読書 ○化粧	○工作
300				○テーブル(*2) ○ソファ ○飾りだな	○座卓(*2) ○床の間			
200	○団らん ○娯楽(*3)		○遊び					○洗たく
150								
100			全般					全般
75		全般				全般		
50	全般			全般	全般			
30								
20							全般	
10								
5								
2								
1							深夜	

*1 主として人物に対する鉛直面照度とする。
*2 全般照明の明度に対して局部的に数倍明るい場所を作ることにより室内に明暗の変化を作り平たんな照明にならないことを目的とする。
*3 軽い読書は娯楽とみなす。
*4 他の場所でもこれに準ずる。
備考1 それぞれの場所の用途に応じて全般照明と局部照明を併用することが望ましい。
備考2 居間、応接室、寝室については調光を可能にすることが望ましい。

4-5 照明設備

浴室 脱衣室	便所	廊下 階段	納戸 物置	玄関 （内側）	門・玄関 （外側）	車庫	庭
				○鏡			
○ひげそり(*1) ○化粧(*1) ○洗面						○掃除 ○点検	
				○くつぬぎ ○飾りだな			
全般				全般			○パーティ ○食事
	全般	全般			○表札・門標 ○郵便受け ○押しボタン	全般	テラス 全般
			全般				
					○通路		○通路
	深夜	深夜			防犯		防犯

4-6 コンセント設備

コンセントと回路の関係

> **Point**
> - 1回路のコンセント数は8個以内を目安にしましょう。
> - 消費電力1000W以上の機器は専用回路とします。
> - 小部屋でも使用器具を予想し将来の機器増も考慮し数を決定します。

■ コンセント設備

コンセント設備は、かつて白熱灯が照明の主体であった時代、全般照明で十分な明るさを得ることは大変不経済であったため、電気スタンドなど照明の補助的役割として電灯の一部のように扱われてきました。

近年ではOA機器や各種電気機器の電源用が主体となり、その容量も30〜40VA/㎡と、照明設備の容量をしのぐ勢いです。

■ コンセントの種類

JIS C 8303に単相100Vおよび200V、三相200V用15〜50Aのものが規格化されており、それぞれ**接地極付き**、**防雨型**、**防浸型**および**引掛型**などがあります。

■ コンセントの回路

1個のコンセントは100Vの電気15Aまで使えます。数個のコンセントが1回路にまとめられており、合計20Aまでしか使えません。電気機器に書いてある定格容量を目安にしてください。

■ 接地（アース）の必要な機器、個所

2005年、内線規定が改訂され、住宅用の配線器具について、接地付コンセントの敷設が強化されました。今後は接地付コンセントの形状となり家電機器用には採用しなければなりません。その主なものとして、洗濯機、食洗機、洗濯乾燥機、

エアコン、電子レンジ、温水洗浄式便座、冷蔵庫、電気温水器、コンベック、給湯器、外部照明、外部コンセントなどがあります。

コンセントの専用回路

分電盤から分岐した電気は、各コンセントへ供給されますが、1回路で同時使用できる容量は 1500W 程度です。エアコン、洗濯乾燥機、食洗機、温水洗浄式便座、ドライヤーなどは消費電力が 1000W 以上になることが多いので、コンセント1個で1回路（専用回路）としなければなりません。計画時に電力値が大きい電化製品を使用することが予想された個所には、すべて専用回路とし、各居室、台所、洗面脱衣室には、200V 用コンセントを1個所は設けることがベストです。もちろん、将来の機器増にも対応しなければなりません。

コンセントの設置数

一般にコンセントの全施設の 20～40%（オフィスビルでは 20%）程度が実際に使用されています。数が多ければよいというものでもありません。省資源、設備投資の上からもできるだけ有効度を高める必要があります。

住宅のコンセントの設置数としては、4.5 畳で2個所（2～3 連用）、6 畳で2～3 個所、8 畳で3～4 個所が適当な数です。また、洗濯機や流し台などのコンセントは、アース付としますが、設置数を予測して不足のないようにします。

特に注意することは、家具などの設置で使用不可となるコンセントがないように、配置には十分考慮してください。

電気の安全

電気事故に、感電事故があります。感電は、電流が漏れて身体に流れ込むことによって起こる現象で、その大きさによって人に与えるダメージが違います。ビリッと感じる程度から、死にいたるものまであります。
感電を未然に防ぐ工夫として機器に接地（アース）を取り付けるのです。
人体の抵抗よりも低い接地線に電流が流れることにより、身体にダメージを与えないで済むわけです。

4-6 コンセント設備

コンセントの取付高さ

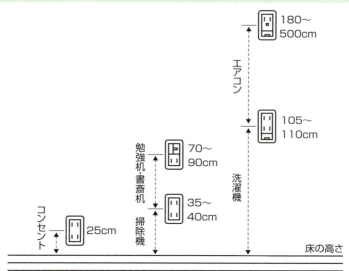

- エアコン 180〜500cm
- 洗濯機 105〜110cm
- 勉強机・書斎机 70〜90cm
- 掃除機 35〜40cm
- コンセント 25cm
- 床の高さ

コンセントとは

一般的な100Vコンセント

OA機器用アース端子付コンセント

エアコン用大容量コンセント

4-6 コンセント設備

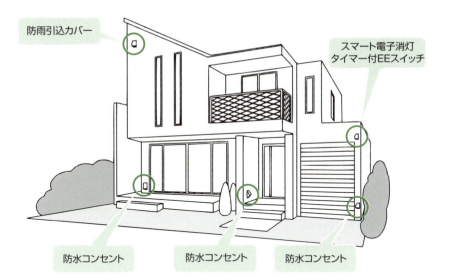

4-7 スイッチ

スイッチの方式と適切な設置位置

Point
- 節電もスイッチをこまめに切ることにより効果があります。
- 外灯には自動点滅器があれば便利です。
- 調光SW、タイマーSW、人感センサーSWなどを活用してください。

スイッチ

スイッチは、電気制御の基本です。オン/オフや比例制御により、状態維持や状態変化の状況を作り出します。

スイッチの働き

スイッチの働きは、以下の4点です。
①目的による意志の伝達による利便性。
②自動点滅スイッチ等によるエネルギーの効率的使用で省エネが実現。
③省資源、耐用年数への影響。
④演出効果、環境変化などの表現。

スイッチの方式

手元、遠隔、ワイヤレスリモート、個別、一括、グループ方式などがあります。操作機構もいろいろな種類のものがあります。

スイッチの位置

建築計画とも関係があり、通路の動線や出入口などを考慮して決めます。また、家族構成と年齢（子供、高齢者等）により、取付高さ、方式、施設場所が決められます。

スイッチの高さ

スイッチは、使用頻度が多いので、設置の高さはとても重要です。
使用者の年齢・体格（背の高さ）やライフスタイルなどを考慮して決定してください。

一般の高さは、フロアレベル＋1100～1200㎜、高齢者や子供用には、フロアレベル＋900～1000㎜、車椅子使用の場合は、フロアレベル＋800～1200㎜が標準です。

主なスイッチの種類

	名称	説明
手動スイッチ	プルスイッチ付押しボタンスイッチ	体調が急変したときなどに、家族に連絡しやすい
	にぎり押しボタンスイッチ	ベットに寝たままで、枕元から家族に連絡できる
	調光スイッチ	照明の明るさを変えることができ、省エネ対策にもなる
タイマースイッチ	浴室換気スイッチ	入浴後に湿気を追い出し、数時間後に電源が切れる
	トイレ用換気スイッチ	使用後の臭いを換気し、数分後に自動停止する
センサースイッチ	人感センサースイッチ	人を感知すると照明が点灯し、人の気配がなくなると消灯します

スイッチプレート

照明のスイッチやコンセントなど、埋込用の配線器具を取り付けた上に被せる金属または樹脂製のカバーで、安全性の向上、意匠性の向上のために取り付けます。種類も**モダンプレート**、**新金属プレート**は代表的なものですが、その他に陶器、木、真鍮、大理石、ステンレスなどを使用したものがあります。

スイッチプレート

4-8 動力設備

電気エネルギーを機械エネルギーに変換する機器や装置

Point
- 動力とは機械等を動かすエネルギーです。
- 動力設備がなければ快適な環境を作ることはできません。
- 動力設備は影の存在です。どこで働いているのか探してみましょう。

動力設備

動力設備とは、電気エネルギーを機械エネルギーに変換する電動機およびその付属機器、装置をいいます。

中規模程度の建物では、電力設備の負荷のうち、照明、コンセント設備が約20〜25％程度で、動力設備は55〜60％程度です。

この動力は、空調設備、換気、給排水衛生、輸送施設、電動シャッター、電動扉、業務用施設などの電動機や電熱器などの負荷です。

電気設備の範囲としての動力設備の構成は、一般的には電動機以外の配線、保護装置、制御設備です。

動力設備利用の主な実態

ビルの中には、自動ドア、エレベータなどの昇降機設備、快適な環境を作る空調設備、トイレ・洗面所への給水や給湯設備、その排水等の処理をする給排水衛生設備などがあります。これらの設備はすべて動力設備がなければ稼動しません。その実態の主なものを次ページの表に示します。

電気で動くものに使用されるのが動力設備です！

動力設備利用の主な実態

用途別分類	負荷の種類
空調用動力	冷凍機、冷却水ポンプ、冷水ポンプ、冷却塔ファン、空調機ファン、給排気ファン、温水ポンプ、熱源機ファンなど
給排水衛生用動力	揚水ポンプ、汚水ポンプ、湧水ポンプ、汚物ポンプ、給湯循環ポンプ、電動弁など
昇降機用動力	エレベータ、エスカレータ、リフト、ダムウェーター、カーリフト、電動シャッター、ターンテーブルなど
事務機器用動力	電子計算機、その他各種OA機器など
通信機器用動力	インバータ、直流発電機など
厨房用動力	高速ミキサー、ベーキングオーブン、ケーキミキサー、冷凍庫、冷蔵庫など
医療機器用動力	レントゲン、歯科用ボーター、電動手術台、CT、その他リハビリ用機器など
防災用動力	消火ポンプ、スプリンクラーポンプ、排煙ファン、非常用エレベータ、排水ポンプなど

インバータとは

　インバータとは、直流電力から交流電力を電気的に逆変換する電源回路、または回路をもつ電力変換装置のことです。

　逆変換回路とも逆変換装置などとも呼ばれ、制御装置との組み合わせによって、省エネルギー効果をもたらすことができ、近年利用分野が拡がっています。

　インバータと逆の機能を持つ回路や装置をコンバータ、または整流器（順変換器） といいます。

　インバータの応用範囲は幅広く、建築設備での応用面を大きく分けると、モーター制御、DC-ACインバータ、DC-DCコンバータ、放電ランプ用安定器、その他となります。

4-9 幹線設備

幹線設備の分類

> **Point**
> - 幹線設備は人体の背骨のような重要なルートです。
> - 建物内には幹線設備用のパイプスペースを必ず作りましょう。
> - 電気用パイプスペースは維持管理にも活用できる大きさが必要です。

幹線設備

　幹線とは、主用な道筋となる線のことです。一般的にも、幹線道路、幹線鉄道、幹線ルートなどと使用されているように、重要なルートのことを指しています。

　電気設備の幹線設備も、重要な部分で、**照明器具・事務機器・空調機・ポンプなどへ電気を供給する電力幹線**と、**通信・情報などを伝送する通信幹線**があります。通常の場合は、電力幹線を指します。

　電力供給系で、引込点、発電機などの電源から、変圧器または配電盤の間を接続する配電線路および配電盤や各電灯分電盤、動力制御盤にいたる配電路線を、電力幹線または単に幹線と呼んでいます。

幹線の種類

　幹線の種類は、その使用目的、使用電圧・電気方式、配線方式より分類すると、次のとおりです。

　使用目的による分類では、**動力幹線**、**電灯幹線**、**特殊用幹線**に分類されます。使用電圧（電気方式）や配線方式による分類は、**低圧幹線**、**高圧幹線**、**特別高圧幹線**にと分類されます。

　このように分類されて幹線スペースも系統ごとに整理されていると、保守点検の際にも、とても便利で、事故対応も迅速に行えます。

使用目的による分類

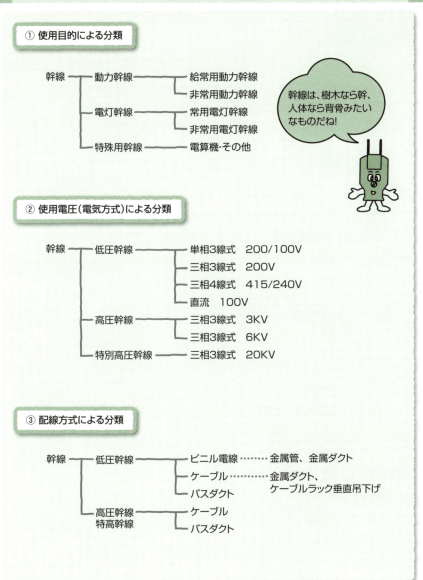

4-10 受変電設備

大量の電力を必要とする場合の受電方法

> **Point**
> ●受変電設備には電気主任技術者による保安が必要です。
> ●受電電圧は電力会社との契約電力により決定されます。
> ●受変電設備の設置場所と組立方式・経済性を考慮して決定します。

受変電設備

電力を供給する電力会社の施設は、発電所、変電所および送・配電線ですが、需要家（電力の需要者）がその構内に電力を受電し、かつ変電する設備を施設する時、その設備を**受変電設備**といいます。

需要家は、電気主任技術者を選任し、受変電設備以降は負荷側を含めた電気工作物の保安責任を負うことになっています。

自家用受変電設備の分類

ビルや工場などでは、高圧で引き込んだ電気を、変圧器を中心に電力の分配・供給をより安全に行なうシステムを介して配電します。これを自家用受変電設備といいます。

この設備は、施設場所、受電電圧と受電方式、組立方式により分類すると、次のとおりです。

● 施設場所による分類

・**屋外受変電設備**

主変圧器、開閉装置、高圧配電盤などを屋外に設備する方式で、工場やプラント施設に多く採用されています。

・**屋内受変電設備**

主変圧器、開閉装置、高圧配電盤および制御機器のすべてを屋内に設備する方式で、都市過密地域のビルなどは、ほとんどがこのタイプです。

● 受電電圧および受電方式による分類

受電電圧は、電力会社と需要家との契約電力によるほか、電力会社固有の配電事情が考慮されて決定します。

受電方式には、**1回線受電方式、2回線受電方式、スポットネットワーク受電方式**の3方式に大別されます。

受電方式と受電電圧との関係を下表に示します。

受電方式と受電電圧との関係

受電方式	主な標準受電電圧	備考
1回線受電方式	3～6KV	特別高圧受電の場合でも、送配電事情により1回線方式はありうる。
2回線受電方式	10～70KV	(1)ループ方式 (2)本線・予備線方式(異系統2回線受電が一般的) (3)平行2回線方式の3方式に細分類される
スポットネットワーク受電方式	10～30KV	2回線、3回線、4回線の3方式がありますが、3回線方式が一般的です。

なお、受電電圧だけによる分類は、①**特別高圧受変電設備** ②**高圧受変電設備**となります。2つの大きな違いは、高い電圧を扱う設備になればなるほど絶縁強度が大で、かつ大容量の電力を開閉、変換、配電する機能が必要とされるため、設備は大型で高価となります。

● 組立方式による分類

・開放型受変電設備
配電盤、遮断器、変圧器、母線、がいし類などをパイプフレーム構に開放して取り付ける方式です。充電部分に触れやすいこと、組立作業に人手が多くかかること、面積を多く必要とすることなどから、採用は非常に少なくなっています。

・閉鎖型受変電設備
配電盤、遮断器、変圧器、母線、がいし類などを、全部あるいは一部金属箱に組み込んだ方式です。現在では、ほとんどこの方式を採用しています。

・閉鎖型／開放型併用受変電設備
遮断器や配電盤を閉鎖型とし、変圧器やコンデンサ群をパイプフレーム構とした方式で、経済性を考慮して採用しています。

4-11 予備電源設備

送電停止や故障対策のために備えられた発電設備

> **Point**
> ● 予備電源は防災電源として停電に備えた必需品です。
> ● 電源には常用電源、非常電源と予備電源の3種類があります。
> ● 予備電源の容量は当該設備を有効に作動させる容量とします。

予備電源設備

　ビル、工場や病院、上下水道などの公共施設などにおいて、**電力系統からの送電停止や、受電設備が故障し停電した場合のために備えられた発電設備を予備電源設備**といいます。

　ディーゼル機関に代表される内燃力発電やガスタービン発電が多く用いられ、停電するとこれらの予備電源が自動的に起動して発電する方式を採用している例が多く見られます。

予備電源設備の必要性

　建物がその機能を果たすためには、電源の確保が必要です。しかしながら電気事故は絶無ではなく、落雷等の異常現象による無警告停電は起こっています。

　無警告停電の場合は不意打ちですが、それでも電気設備が機能を失い混乱しないために、常に代替の電源が必要です。どのような停電になっても機能を停止できない設備や、停電の時に機能を持つべき設備には、その目的に適合した予備電源が必要となります。

予備電源を必要とする設備

　予備電源を必要とする設備は、建物用途、規模、構造などにより、機能停止時の不便、心理的不安、混乱の程度、波及事故の防止、営業上の不利益、法的規制などを考慮して決めます。

法令の規制による予備電源

電気設備の技術基準、建築基準法、および消防法で規制されています。
　一般に、**建築基準法に規定する予備電源と、消防法に規定する非常電源を総称して防災電源**と呼んでいます。

防災電源の種類

自家発電設備、蓄電池設備、自家発電設備と蓄電池設備の併用、非常電源専用受電設備があります。

消防法による防災設備と防災電源

防災設備	防災電源				容量（以上）
	非常電源専用受電設備	自家発電設備	蓄電池設備	自家発電設備と蓄電池設備との併用	
屋内消火栓設備	△	○	○	×	30分間
スプリンクラー設備	△	○	○	×	30分間
水噴霧消火設備	△	○	○	×	30分間
泡消火栓設備	△	○	○	×	30分間
二酸化炭素消火設備	×	○	○	×	60分間
ハロゲン化物消火設備	×	○	○	×	60分間
粉末消火設備	×	○	○	×	60分間
自動火災報知設備	△	×	○	×	10分間
ガス漏れ火災警報設備	×	×	○	○*	10分間
非常警報設備	△	×	○	×	10分間
誘導灯設備	×	×	○	×	20分間
排煙設備	△	○	○	×	30分間
非常コンセント設備	△	○	○	×	30分間
無線通信補助設備	△	×	○	×	30分間

（注）×：適用できない
　　　△：特定防火対象物以外の防火対象物又は特定防火対象物で延べ面積が1000㎡未満のもののみ適用できる
　　　○*：1分間以上の容量の蓄電池設備と40秒以内に始動する自家発電設備に限る
　　　○：適用できる

4-12 自家発電設備

自家発電設備の種類

> **Point**
> ●自家発電設備の法令(建築基準法と消防法)による性能に違いがある。
> ●運転時間は1時間以上、燃料油は2時間以上必要です。
> ●運転時の騒音等にも傾注して設置場所を検討しましょう。

自家発電設備

　自家発電設備は、その使用目的により業務用、保安用、非常用、防災用、臨時用に分類されます。

　自家発電設備は商業ビル、百貨店、地下街、旅館、ホテル、劇場・映画館、公会堂、学校、病院、養護施設、工場、作業所、上下水道のポンプ場、石油コンビナート、放送局、通信施設などに主に非常電源として設置されます。

　大型ビルや工場では、非常電源として、電力需要のピーク時にピークカットのために発電設備が設置される場合もあります。また、**熱併給発電設備(コージェネレーション)** として設置される場合もあります。これらの施設は電気事業法によって発電所として扱われます。

　発電機の原動機には、ディーゼル機関、ガスタービン機関が採用されています。

　発電機は主として**三相交流横型同期発電機**です。

　内燃機関の始動方式には、圧縮空気による空気始動、セルモーター(直流電動機)による電気始動とがあります。

写真提供:ヤンマーエネルギーシステム株式会社

4-13 蓄電池設備

蓄電地設備の仕組みと用途

> **Point**
> ●直流電源装置は蓄電池および充電装置で直流負荷に使用します。
> ●交流無停電電源装置(UPS)は大型コンピュータ用として使用されます。
> ●蓄電池には鉛蓄電池とアルカリ蓄電池があります。

蓄電池設備

　蓄電池は、物質の化学変化による化学エネルギーを電気エネルギーに変換して、外部回路に電流を出す装置のことです。

　蓄電池設備は、蓄電池、充電装置、架台などで構成され、主として防災電源用と通信用、操作用などに使用されます。

　電池には、一次電池と2次電池があります。一次電池とは、一度放電すると再び使用できないもので、代表的なものに**乾電池**があります。2次電池とは、蓄電といわれるように化学変換により充電し、必要に応じて放電することが可能な装置です。代表的なものに**鉛蓄電池**や**アルカリ蓄電池**があります。

　最近は、通信情報設備の電源として、ＯＡなどで、瞬時停電などでシステム停止を防止するために用いられています。

電気の悩みは蓄電問題です。

写真提供：古河電池株式会社

4-14 監視制御設備

電気設備の健全な運転と監視制御設備

> **Point**
> ●電気設備の健全な運転は監視制御設備によるところが大です。
> ●コンピュータ制御のような高度な制御技術が要求されています。
> ●監視制御の保安面の対策も問題視しています。

監視制御設備の概要

電気設備の健全な運転は、優れた監視制御設備を、システムとしてどのように構築し、運用していくかにかかわっています。

監視とは、ある制御対象が目的とする状態にあるかどうか、また異常な状態にあるかどうかを見張ることです。制御とは、その目的とする状態を維持するように働きかけることです。

この監視制御設備も、電子化技術の発達とともに設備機能も多様化し、高度な制御技術が要求されるようになりました。従来の中央集中制御では、処理能力が増大する一方、システム自体にトラブルが発生した場合には施設全体の機能が停止し、また保安面でも問題があることから、最近は「制御の分散、監視の集中」によるシステムの信頼性向上を図る方向に進んでいます。

制御系の基本

制御には、人間の直接的な判断と操作による手動制御と、制御装置により自動的に判断と操作を行う自動制御の2通りがあります。監視制御装置と制御対象の組み合わせを制御系といっています。

簡単な設備であれば、個々の機器を人間が直接操作することができますが、設備が複雑で危険をともなうものなどは自動制御が必要となってきます。

自動制御の要件

①制御量が目標値とよく一致すること。

②制御量が目標値から外れた場合の修正動作の即応性がよいこと。
③制御動作が安定していること。
　これらが確実に実行されるかどうかが、性能を評価する上で重量な基準となります。

自動制御の種類

　自動制御には大きく分けて、次の2つの方式があります。
①シーケンス制御
　あらかじめ定められた順序にしたがって、制御の各段階を逐次進めていく制御をいいます。開回路の一種で、機器類の発停制御に利用されています。
②フィードバック制御
　制御量を目標値と比較し、偏差が生じた時、直ちにこれを一致させるよう、制御結果を絶えず監視しつつ修正動作を行う制御のことです。**閉ループ制御**ともいいます。これは、現在ほとんどの分野で利用され、大規模の工場設備では多く採用されています。シーケンス制御の説明図を下図に示します。

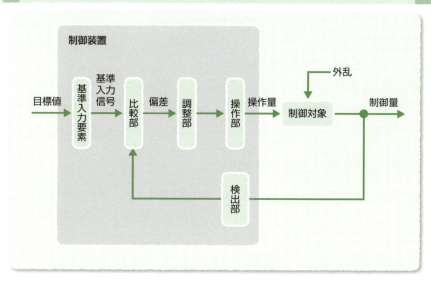

フィードバック制御のしくみ

4-15 情報・通信設備

情報・通信設備の種類

> **Point**
> ●新しく生まれたメディア群が大きなインパクトを与えています。
> ●情報通信設備は早期に陳腐化しないように機器の選定・施工を！
> ●今後、ますます需要が高まり煩雑となる分野です。

情報・通信設備

　一般的な広域の通信網やテレビ・ラジオ放送、無線通信などは含まず、**主に建築設備の範囲に限定された情報サービスを行う設備です**。この設備は、比較的低電圧かつ小電力で使用するものなので、危険度が低く、これまでは弱電設備ともいわれてきました。

　近年の高度情報化社会は、文明構造そのものを変革するような大変革をもたらそうとしており、建物の機能からも重要な設備となってきました。

　これまでは、建物内だけの情報サービスを中心に考えればよかったものが、今後は、広域の通信網の一部として考えていかなければならない部分もあります。

　例えば、テレビ共同受信設備も、今までは共同アンテナとしての役割だけを考え、良好に受信できればよかったものが、CATV網の一部と考えると、逆に情報を送り出す能動的な機能も十分に考えた設備としなくてはなりません。

　また、急速な技術革新やサービスの多様化、社会情勢の変化、法規の改正などに対処し、早期に陳腐化しないように、慎重な機器の選定・施工を行う必要があります。

用途別情報・通信の各設備

　電気設備での情報設備は、建築施設情報、通信情報設備、用途別情報設備に分類されます。従来「弱電」といわれていた建築施設情報設備は、拡声設備、加入電話設備、インターホン設備、電気時計、テレビアンテナ設備、表示設備などで、建物が建築される時に通常施設される情報設備です。

4-15 情報・通信設備

用途別 情報・通信の各設備

設備の分類	機器の名称など
建築施設情報設備	加入電話、インターホン、スピーカー、電気時計、テレビアンテナ、マイクロホンなど
用途別情報設備	同時通訳、会議用システム、視聴覚装置、特殊指示装置など
通信情報設備	コンピュータ、OA機器、ワープロ、FAX、デジタル電話装置など

住宅における情報・通信設備

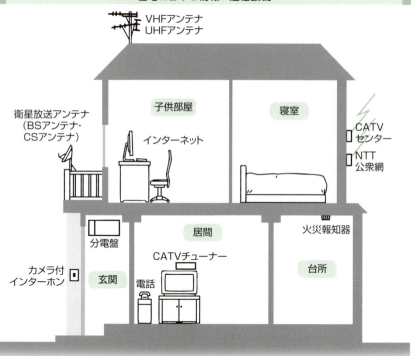

4-16 電話設備

電話設備の種類を確認しましょう

> **Point**
> ●これからは、LANの構築が必須となります。
> ●大きな変革時に突入し、情報入手が先になりました。
> ●電話だけではなく、複合機への対応が必要です。

■ 電話設備

電気設備とは、一般に局線引込み用管路および電話交換機から電話機までの総称ですが、近年は電話機以外に各種のデータ端末装置やファクシミリなども接続されます。

広義には、**電気通信事業者の電気通信回線設備（ネットワーク）の一端に接続される同一構内の電気通信設備（端末設備という）あるいは自営電気通信設備の総称**です。

■ 電話設備機器の種類

電話機には以下のような種類があります。

- 電話機
- 変復調装置（モデム）
- 電話回線用網制御装置（NCU）
- ビデオテックス端末
- ファクシミリ
- 構内交換装置

4-17 インターホン設備

防犯設備としての役割

> **Point**
> ●インターホンはセキュリティ化へ移行しています。
> ●テレビドアホンにはたくさんの機能が接続可能です。
> ●親機の設置場所が中央監視室換わりとなります。

インターホン設備

　従来は小規模の電話設備と同じ機能で、加入電話と異なるのは、限られた範囲での施設であり、電話回線とは接続しません。

　インターホンの形式は、容量的には2～4回線のドアホン、十数回線(卓上型)から数十回線のものまで多種多様です。

　用途別としては、訪問客用、事務用、作業用、特定場所などの連絡用や病院用ナースコールなどがあり、広く使用されています。最近は携帯用電話などが普及し、住宅をのぞきインターホンは特殊な場に限られるようになりました。

　機能として、親子式、相互親子式、複合式などがあり、最近は同時通話式が一般的です。

　テレビドアホンで来客者を映像で確認できたり、録音・録画や伝言メモを録音できる機能などがあります。玄関の電気錠の開閉や火災報知器と連動して警報音を鳴らせる機能など、**セキュリティ化へ移行しています。**

インターホン設備

親子インターホン　　　テレビドアホン

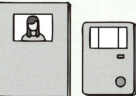

4-18 テレビ共同受信設備

複数の端末でテレビ放送を受信する

> **Point**
> ●テレビ共同受信設備は、「受信」「伝送路」「端末」の各サブ設備で構成されています。
> ●幹線分岐器で伝送路を分岐し、分配器で信号を分配して、つながるテレビ受信機の数を増やせます。

テレビ共同受信設備の構成

テレビ共同受信設備は、集合住宅や、戸建の複数の部屋にある複数のテレビ受信機で、テレビ放送を視聴する設備です。**共同視聴システム（共聴システム）**とも言われます。受信設備・伝送路設備・端末設備で構成されています。

受信設備

受信設備は、アンテナ、**混合器**と**増幅器**（ブースタ）で構成されます。混合器で地デジ（地上デジタルテレビ放送）や衛星放送の信号が混合され、伝播中に減衰した信号レベルが整えられて、伝送路に送られます。

伝送路設備

伝送路設備には、ケーブルや増幅器のほかに、幹線を分ける**分岐器**、幹線の末端でテレビ端子に信号を分ける**分配器**、テレビ端子があります。

端末設備

端末設備は、テレビ端子から先にある**分波器**とテレビ受信機などです。分波器は、受信設備の混合器で混合された地デジ放送や衛星放送の信号を分離します。

4-18 テレビ共同受信設備

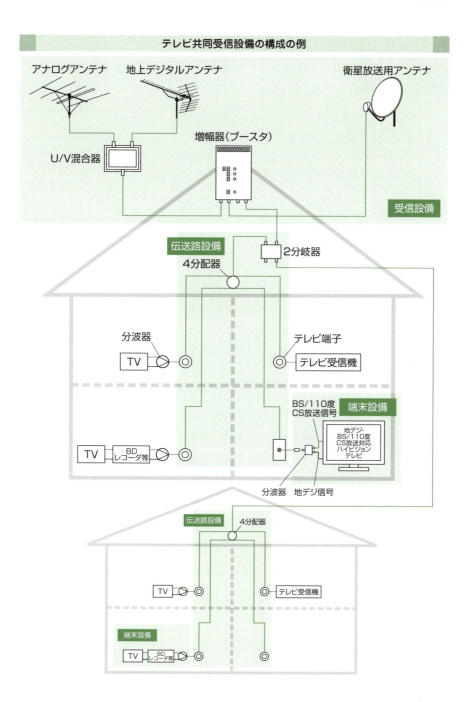

テレビ共同受信設備の構成の例

4-19 防犯設備
ホームセキュリティは安心・安全な暮らしを守ります

Point
- 防犯に対する意識は年々向上しています。
- 建物内外の防犯、火災監視、通報など総合防犯の一元化に変わります。
- ホームセキュリティは多機能化しが進んでいます。

防犯設備

犯罪を防止する目的のための設備です。人命確保と財産確保が目的です。敷地・建物内へ不法侵入する者を阻止するための侵入防止設備と不法に侵入した者を早期に確実に発見する**侵入発見設備**、さらに検知した侵入者の犯罪を未然に防ぐため警報を発したり、警察・警備会社や守衛室などの関係先へ緊急連絡する非常通報、**侵入者排除設備**などがあります。

防犯監視盤

各端末（センサー類）の状態を表示し、出入口扉の電気錠などの遠方操作制御と記録機能そして異常時には警察等の関係先への通報機能を持っています。

監視は、モニター設備、制御装置、記録装置、通報装置などから構成されています。監視盤は、防災センター、中央監視室、守衛室等に設置されます。
各端末のセンサー類には、押しボタンスイッチ、ベル、ブザー、投光器などの組合せによる簡易な手動式なもの、電子技術を導入した各種のセンサー（検知器）と受信装置とを配線で結んだ自動・無人方式のものなど、多種多様のシステムがあります。その代表的なものを次ページの表に示します。

4-19 防犯設備

防犯センサーの分類

センサー	警戒エリア	適用場所
極超短波	立体式	室内、室外
超音波	立体式	室内
赤外線	線式	室内、出入口
マイクロスイッチ リミットスイッチ 衝撃スイッチ	点式 側面、平面式	窓ガラス、扉、ショーケース
マット式	平面式	出入口

遠隔監視のしくみ

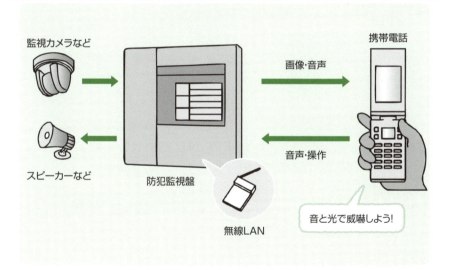

4-20 表示設備、拡声設備、電気時計設備

表示設備、拡声設備、電気時計設備の種類

> **Point**
> ●表示設備でお馴染みなのは電光掲示板や列車の運行案内などです。
> ●学校の校内放送も大きく変革しています。
> ●電気時計は公共施設に設置します。カラクリ時計もあります。

表示設備

　この設備は、操作部門と連絡配線、表示板により構成される表示システムです。社員の出退表示、案内表示、警報表示、車両在庫、病院の案内表示、官庁や銀行の呼び出し表示、スポーツ施設の得点表示など、用途により多種多様です。

　表示方法は、回転窓式、反転カード式、ランプ式、デジタル式、ベルト式、LED、液晶などいろいろな表示方式があります。

　入力操作は、手動式、センサーによる自動式、他の装置との連動式などがあり、普通は自動プログラムを利用した手動式です。

拡声設備

　拡声設備は、基本的には情報入力としてのマイク、音声処理拡大としてのアンプ、出力としてのスピーカーから構成され、次のように分類されます。

・一般放送設備

　一般的な伝達、呼び出し、講演、会議、同時通訳、環境音楽（BGM）、演奏会などの目的とした設備です。

・特殊拡声設備

　特殊な設備として、オーディオルーム、プレゼンテーションルーム、会議室、宴会場、カラオケシステムなどです。

・非常放送設備

　通常は業務連絡やBGM放送として用いますが、火災や地震などの非常事態発生時には避難指令を伝達します。まや、誘導を目的とした消防法施行令第24条

の非常警報設備として規定された設備でもあります。

電気時計設備

　時計装置は親子式で、親機から子時計へ運針パルスを送り、分ごとに表示針を進めます。親機からの時刻発信の主流は水晶（クオーツ）発信です。また、パルス信号伝達のため、親機から子機に配線を行い、1回線で20〜25個の子時計が接続できます。

　居住生活者に時刻を明示するものと、競技用、病院手術用、記録用、制御時刻用など、時間に関連するシステムに使用するものもあります。

　子時計には、花時計、塔時計、デジタル時計、時刻連動時計など目的によりいろいろあります。

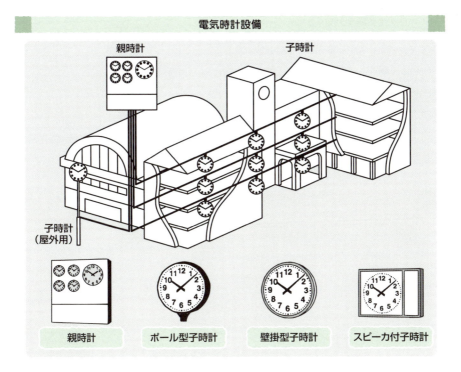

電気時計設備

4-21 防災設備

防災のフロー

> **Point**
> ●災害の原因と対応する設備を理解しましょう。
> ●防災設備の基準は、主に「建築基準法」と「消防法」です。
> ●中央管理室は、通称、防災センターといわれています。

防災設備

防災設備は、生命確保と財産確保が主な目的です。消防法や建築基準法によって、その設置基準や維持管理基準が明確に規定されています。

防災設備の種類

防火、防犯、防災害に大別されています。
・防火は、発生→発見→通報→対応→処理となります。
・防犯は、侵入→防止→自動センサー→通報→対応となります。
・防災害は、対策→天災対応・人災対応→施設完備となります。

防災設備は各々が独立して作動するのではなく、非常時には全設備が一体となって機能しなければなりません。

防災設備の原因とそれに対応する設備

原因	対応する設備
火災を見つける	→ 自動火災報知設備
火災を消す(抑制)	→ 消火設備
炎・煙の広がりを防ぐ	→ 防火・防排煙設備
避難する	→ 避難誘導設備
その他	→ 無線通信設備/火災通報設備

防災設備

火事が発生した場合はすばやく感知し、火災抑制する設備を防災設備といいます。

● 防炎製品

防炎製品の採用も検討項目です。防炎製品には「防炎製品ラベル」が付されています。

● 住宅用火災警報器

警報音や音声で火災の発生を知らせる装置です。

● 自動消火装置

火災を検知後、自動的に消火薬剤を放出して初期消火を行います。

● 火災通報システム

火災発生時に登録した携帯電話や最寄りの消防機関等に自動的に通報する装置です。セキュリティシステムに付属されている場合もあります。

感知器類の取付位置

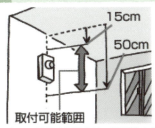
壁面に設置する場合は、警報機の中心が天井から15〜50cm以内の位置に取り付けます。

梁などがある場合は、梁から60cm以上離します。

エアコンなどの吹出口がある場合は、吹出口から1.5m以上離します。

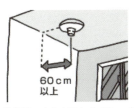
警報機の中心を壁から60cm以上離します。

4-22 自動火災報知設備

火災を最初に発見し報知する設備

> **Point**
> ● 自動火災報知設備は火災の発生を知らせる設備です。
> ● 地区ベルの音響は水平距離25m以内に設置します。
> ● 感知器には熱感知器と煙感知器があり、設置場所により異なります。

自動火災報知設備

消防法施行令の警報設備の1つです。火災の初期段階で、発生した熱または煙を感知器により自動検知することで、建物内の居住者などにベル、サイレン等で知らせる設備です。

自火報の構成

火災による熱または煙を検知する感知器や検出器、人が先に火災を発見した時に押す発信器、感知器や発信器からの信号を受け、火災の発生場所を表示した警報を出す受信機、ベル、サイレンなどの音響装置、発信器などの位置を表示する表示灯、電気信号の中継器などで構成されています。

受信機

受信機には、蓄積式と非蓄積式があります。

非蓄積式受信機は、火災信号を受信してから5秒以内に火災表示するように規定されており、従来から使用されていたものです。蓄積式は、感知器からの火災信号を一定時間確認した後、火災発生を報知するものです。1つの警戒区域から2つの信号を受信した時に初めて建物全体に火災発生を報知する二信号式もあります。不特定多数の人が利用する建物に最適です。その他に、感知器ごと、またはブロックごとに固有信号を発する中継器を設けた個別アドレス方式と呼ばれる受信機もあります。

感知器

感知器は、熱感知器、煙感知器、および両者の複合型に分類されます。

熱感知器は、周囲の熱気温を検知して作動するもので、気温がある一定の温度以上になると作動する定温式と、火災時の急激な熱の発生で気温の温度上昇率がある一定の値以上になった時に作動する差動式があります。

煙感知器は、火災で生じる煙などの濃度が一定の値以上になった時に作動するもので、動作原理によりイオン化式と光電式があります。

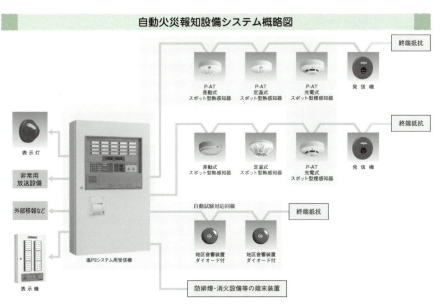

自動火災報知設備システム概略図

写真提供：能美防災株式会社

4-23 防火関連設備

避難などをスムースに行うための安全設備でもある

> **Point**
> ● 防火対象物の別（令別表第一）を確認します。
> ● 建物用途と規模により、設置必要な防火関連設備が決められています。
> ● 最低設置よりも人命救助が第一をモットーに！

防火関連設備

消防法による消防用設備のうち電気設備に入るものは、**警報設備、避難設備**のうちの「誘導灯」と「誘導標識」、および消防活動上必要な施設のうちの「非常コンセント設備」と「無線通信補助設備」です。

非常電源装置

防災電源としては、専用回路による常用電源のほか、誘導灯を20分間点灯させることができる蓄電池設備による非常電源装置を設けることが義務付けられています。

非常電源装置内蔵の場合は、蓄電池は密閉型蓄電池とし自動充電装置を設けるとともに、過充電、過放電防止の措置を講じることも必要です。

非常用照明装置

火災、地震などの災害発生時に、常用電源が停電した際に非常用照明装置により最低限必要な照度を確保し、パニック状態を避け避難を安全に行うために設ける設備です。

非常用防災電源

非常時に停電した場合、所定の時間、防災設備機能を満足させる電源をいいます。法的には消防法の非常電源と建築基準法の予備電源をいいます。

ガス漏れ火災警報設備

ガス漏れを検知して警報を発する装置です。
都市ガスとプロパンガスの使用しているガス種によって、ガス漏れ検知器の設置位置に違いがありますので注意が必要です。都市ガスは空気より軽い性質なので高所に取り付けますが、プロパンガスは空気より比重が重いので床面などの低所に設置しなければなりません。

漏電火災警報器

誘導灯設備は火災が発生した場合、避難を容易にするため避難口の位置および避難方向を示し、通路などの床面に有効な照度を与えるための照明設備です。

非常コンセント設備

高層建物や地下街などで火災が発生した場合、消防隊が扉や窓を取り壊すための破壊器具、排煙機や証明用の電源を供給するためのコンセント設備です。

防災センター

非常用エレベータの設置が義務付けられる高さ31mを超える高層建築物と1000㎡を超える地下街には中央管理室が法規上義務付けられています。火災、地震に対する防災体制や通報、非難、消火活動を集中管理するものであり、防災諸設備の中枢神経となります。常に数名が常駐し一般設備の機器類の保守も行い、かつ、非常時に災害を未然に防ぎ、被害を最小限にくい止める機能を有する室です。この室を一般に「防災センター」と呼んでいます。

4-24 避雷設備
天災の落雷に対応する設備

> **Point**
> - 高さ20mを超える建築物に設けます。
> - 一般建築物の保護角は60°以下です。
> - 火薬などの危険物を扱う製造所・貯蔵所の保護角は45°以下です。

避雷設備の規定

　建築基準法により、**高さ20mを超える建築物には有効な避雷設備を設けることが規定**され、さらに、消防法や火薬類取締法により、危険物や火薬類を貯蔵したり、取り扱ったりする場所にも、有効な避雷設備を設けることが規定されています。

避雷設備

　受雷部、避雷導線および接地極からなる避雷用設備で、雷撃によって生ずる火災、破損または人畜への傷害を防止することを目的とするものの総称です。

　避雷方式には、突針方式、むね上導体方式、ケージ方式、独立避雷針方式、独立架空地線方式の5種類があります。

受雷部

　雷撃を受け止めるために使用する金属体です。この中には、突針部、むね上げ導体、ケージの網目状導体のほか、直接雷撃を受け止めるために利用される手すり、フェンス、水槽など建築物に付属した金属体も含まれます。

　保護角は、受雷部の上端からその上端を通る鉛直線に対して保護範囲を見込む角度をいいます。**保護角は、一般建築物は60°で、危険物貯蔵庫は45°**となっております。また、ケージ式の一般建物は網目2m以下、危険物貯蔵庫は1.5m以下の網目とします。

- **突針**

    空中に突出させた受雷部。

- **むね上げ導体**

    むね、パラペットまたは屋根などの上に沿って設置した受雷部。

- **独立避雷針**

    被保護物から離して、地上に独立した突針を受雷部とする避雷設備。

- **独立架空地線**

    被保護物の上方にこれと適当な距離を置いて架線した導線を受雷部とし、かつ、被保護物から独立した避雷設備。

- **ケージ**

    避雷を目的として、被保護物全体を包む連続的な網状導体（金属板を含む）。

- **避雷導線**

    雷電流を流すために、受雷部と接地極とを接続する導線。

- **引下げ導線**

    避雷導線の一部で、被保護物の頂部から接地極までの間のほぼ鉛直な部分。

- **接地極**

    避雷導線と大地とを電気的に接続するために、地中に埋設した導体。

- **保護範囲**

    避雷設備の設置によって、雷の直撃の危険から保護される避雷設備の周辺の大地および空間をいいます。

- **保護角**

    受雷部の上端から、その上端を通る鉛直線に対して、保護範囲を見込む角度。

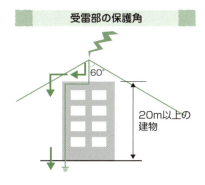

受雷部の保護角

4-25 エレベータ設備

超高層建物はエレベータ設備で可能に

> **Point**
> ●エレベータには、垂直、斜行、水平などがあります。
> ●保守契約に、FM(フルメンテ)とPOG(パーツオイルグリース)があります。

■ エレベータ設備

　エレベータは建築にとって、縦の交通手段として欠くことのできないものです。超高層ビルが建てられるようになった背景には、昇降機技術の進歩・発展があったからです。近年、ビルのインテリジェント化が進み、エレベータにおいても、群管理制御（複数台のエレベータを一群として管理し、効率よく運行させること）やマン・マシンインターフェースのインテリジェント化が図られています。また、インフォメーションディスプレイや音声合成アナウンスなど、利用者に対するサービスの向上も重視されています。

■ エレベータの種類

　エレベータの種類を用途別に分類すると、一般乗用、住宅用、展望用、人荷共用、車椅子兼用、寝台用、荷物用、非常用、自動車用、斜行エレベータなどがあります。

■ 構造

　エレベータの**構造上の分類としては、ロープ式と油圧式**に大別されます。
通常、ビルにおいてはロープ式が一般的です。油圧式は、機械室を昇降路頂部に必要としないため、高さ制限のある建物には有効ですが、特性上、高揚程・高速度が要求される建物には不向きです。

■ 速度制御方式

　最近の主流は、可変電圧可変周波数制御（VVVF）、いわゆるインバータ制御

です。省エネルギー効果と電源設備容量の低減が図られています。平成元年（1989年）に、リニアモーターエレベータの実用化がはじまり、これはつり合いおもりに駆動用リニアモーターを内蔵させたもので、省電力・省電源設備などの特徴と昇降路直上に機械室を設置せず、省スペース化も図られています。

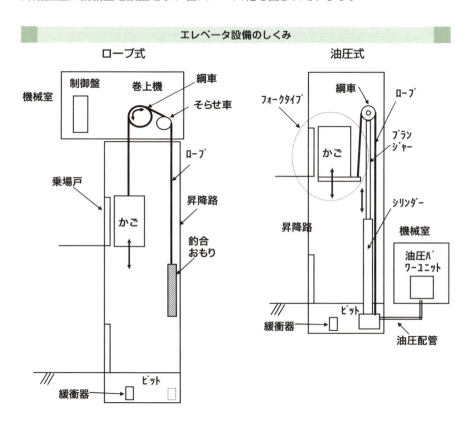

エレベータ設備のしくみ

4-26 エスカレータ設備

エスカレータ設備のしくみ

> **Point**
> ●都市インフラのバリアフリー化にエスカレータは必須です。
> ●エスカレータを利用する場合はマナーを守りましょう。
> ●事故防止のため歩行禁止の呼びかけをしましょう。

エスカレータ設備

エスカレータには欄干の幅の寸法に応じて、1200形と800形の2種類があります。

1200形の輸送能力は9000人/hr、800形は6000人/hrです。

エスカレータは単なる輸送手段だけではなく、建築デザインの重要な要素ともみられ、意匠的にも欄干内側板にステンレスや塗装鋼板を用いた実用向けや、透明ガラス張りにして照明を設置し、デザイン性を考慮したものもあります。

また、高低差のない搬送設備として、動く歩道があります。

エスカレータはエレベータのように待ち時間もなく、輸送能力も優れていますので、乗客をスムーズに大量に輸送できる設備です。デパートなどの商業施設においては、買い物客の輸送だけでなく開放的な設備なので売り場を眺めながら購買意欲を誘うという効果も得られます。

ダムウェータ

電動ダムウェータは荷物のみを運ぶことを目的とした小型の昇降機で、レストランなどで食膳を運ぶため使用される例が多いことから、この名称（dumbwaiter：物言わぬ給仕）が付けられています。

ダムウェータは、人が乗らないので、エレベータに義務付けられている各種の安全装置はほとんど適用が除外され、ドアスイッチのみが義務付けられています。

4-26 エスカレータ設備

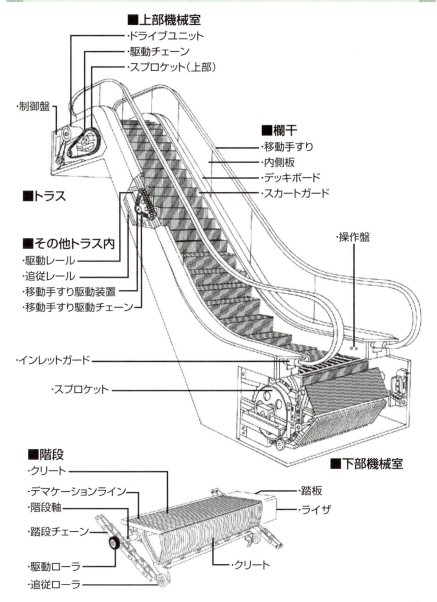

画像提供：三菱電機株式会社

Column

これからの電気設備について

　平成 18 年 2 月に開催した電気学会公開シンポジウム「若者に電気の夢を」で、電気技術発展の長期ビジョン作成について提案があり、翌 19 年 6 月に「電気がつくる未来社会」として、時期と目標項目が発表されました。

　その中で、興味深いものを取り上げてみました。

項目	時期(西暦)	内　　　容
「電気を作る」	2040 年	・各家庭で電力の売買、太陽電池と燃料電池と家庭用電池を組み合わせ、エネルギーコストを大幅削減。 ・海底のメタンハイドレート採集技術が確立され国産エネルギーとして活用。 ・コンセントからの充電で動く自動車。
	2060 年	・完全に無保守でエネルギーを供給し続ける密封型の小型原子炉が都市周辺で稼動。 ・蓄電池等のエネルギー貯蔵装置が変電所や各家庭に設置され、停電がなくなる。 ・劣化や欠陥を自己回復する絶縁材料により、コンパクト長寿命の絶縁システムが可能になる。
「電気を送る」	2040 年	・無線送電などにより電池や送電ケーブルなしで電力を供給。 ・接続部の簡略化が進み、ロボットによるケーブル接続が可能になる。
	2060 年	・国外の安価で環境にやさしい電力を地球規模の超電導ケーブルネットワークで供給。
「電気を使う」	2030 年	・宇宙環境での電力発電・輸送が可能に。 ・パーソナル電気自動車の進化、電車に乗せ日本中の都会から田舎まで名所、旧跡、ショッピングにスイスイ行く事ができる。 ・行きは自分で運転、帰りは自動運転、飲酒後は後席でグーグー、自宅前で「到着しました」、駐車は自動駐車。 ・充電不要のロボット ・遠隔検診、非接触による各種診断。 ・パルスパワー技術を用いて強い磁場、高い圧力や温度を利用して新材料開発。
	2040 年	・エミッションフリー(電気自動車、燃料電池車)、アクシデントフリー(ぶつからない、死傷しない車)、インテリアフリー(完全バリワイヤ化、電池は床下)、エクステリフリー(自由なデザイン)の自動車。
	2050 年	・健康状態をモニタするセンサを組み込んだスマート衣服。

　「夢」を描ける時間ができましたでしょうか。特にこれからこの業界に参画する人たちがそれらの技術開発にまい進してもらえると確信し、私自身大きな期待をしています。

巻末資料

　巻末資料として、本編にて掲載できなかった資料等を掲載しています。設計施工に必要なデータ類です。

● 給水方式の選定基準
● 給湯方式の選定基準
● 配管の流量表・継手類および弁類の相当長
● 給湯量の算定
● 消火設備の種類と設置場所
● 適用消火設備　令13条～18条
● 熱源設備の選定基準
● 熱源方式の算定
● ダクト設備の設計手順
● 吹出口の算定手順
● 日本工業規格（JIS）による照度基準

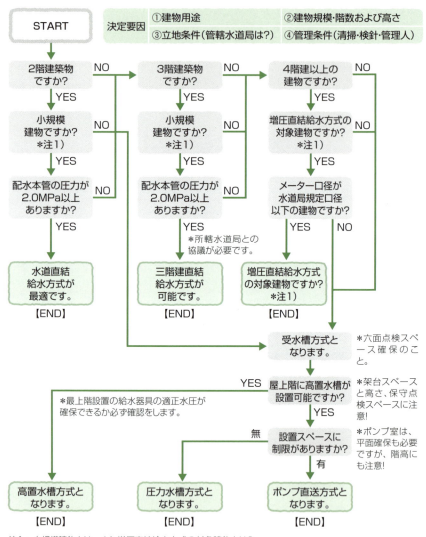

給湯方式の選定基準

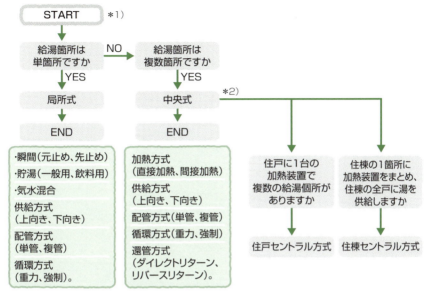

注記
*1) STARTに当たり、建物内の給湯用途、使用量、使用時間帯の違いをしっかり把握します。その上で、使用箇所をカウントしてください。
*2) 方式の選定に当り、*1)の条件の他に、使用目的、熱源の種類、供給能力、機器類の維持管理(保守要員の有無・必要資格の有無・種類等)、工事費などを十分把握し、給湯箇所が複数箇所あっても中央式にこだわらないことが寛容です。時には局所式と中央式が併用される場合も多いです。

(1) 局所式給湯の設計上の留意点
❶ 給湯器具数や給湯必要機器の給湯量等から瞬間最大給湯量を算出し、給湯能力を決定します。
❷ 瞬間式の場合は、水圧と給湯管の摩擦損失水頭を考慮し、可能な限り小口径とします。それは、湯待ち時間の短縮のためです。
❸ 貯湯式低圧ボイラの場合は、給湯と給水の水圧が同じになるように注意します。減圧弁を設置し連続出湯しても温度が変わらないようにします。

(2) 中央式給湯の設計上の留意点
❶ 加熱装置や貯湯槽の搬入・搬出が容易な場所の選定と故障や点検に備えて2基以上設置することが望ましい。
❷ 返湯管の長さが短くなるように計画します。
❸ 各系統・枝管の循環流量が均等になるよう流量調節ができるようにします。
❹ 循環ポンプは過大にならぬように、返湯管側に設置します。
❺ 安全策や腐食対策を考慮し検討します。
❻ 溶存気体の分離放出がしやすい配管計画を立てます。(供給方式・ゾーニングの場合)

配管の流量表・継手類および弁類の相当長

●硬質塩化ビニルライニング鋼管

■配管摩擦抵抗線図

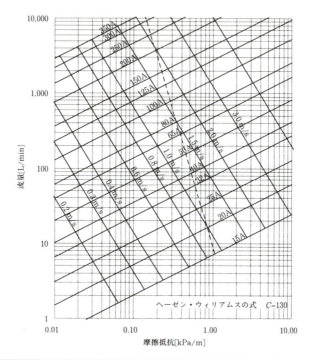

■局部抵抗の相当長 (単位:m)

呼び径(mm)	90°エルボ	45°エルボ	90°T分流	90°T直流	仕切弁	玉形弁	アングル弁	逆止弁スイング型	逆止弁衝撃吸収式	Y形ストレーナー	ソケット
15	3	2.3	3.8	1.2	3.5	4.5	2.4	5.5		3.34	1
20	3.1	2.2	3.8	1.6	2.3	6	3.6	2.7		4.37	0.7
25	3.2	1.8	3.3	1.2	1.7	7.5	4.5	2.9		5.85	0.5
32	3.6	2.3	4	1.4	1.3	10.5	5.4	3.2		8.51	0.7
40	3.3	1.9	3.6	0.9	1.7	13.5	6.6	2.6	4.2	8.25	0.6
50	3.3	1.9	3.5	0.9	1.9	16.5	8.4	3.7	3.8	9.79	0.4
65	4.4	2.4	4.4	1.1	0.48	19.5	10.2	4.6	3.8	11.45	0.4
80	4.6	2.4	4.9	1.3	0.63	24	12	5.7	4	14.11	0.4
100	4.2	2.4	6.3	1.2	0.81	37.5	16.5	7.6	2	21.62	
125	5.1	3	7.5	1.5	0.99	42	21	10	2	31.57	
150	6	3.6	9	1.8	1.2	49.5	24	12	2	41.17	
200	6.5	3.7	14	4	1.4	70	33	15	2.8	54.83	
250	8	4.2	20	5	1.7	90	43	19	1.7	70.37	

注記　1. フート弁は、アングル弁と同じとする。
　　　2. ストレーナーは、スクリーン7メッシュ程度とする。
　　　3. ■は、管端防食機構付の値を示す。

●ステンレス鋼管

■配管摩擦抵抗線図

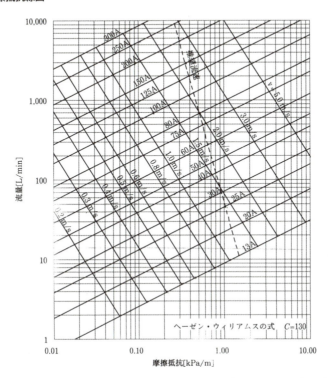

■局部抵抗の相当長

(単位:m)

呼び径		90°エルボ	45°エルボ	90°T分流	90°T直流	仕切弁	玉形弁	アングル弁、フート弁、逆止弁（スイング型）	ソケット
Su	A								
13	13	0.3	0.18	0.45	0.09	0.06	2.27	2.4	0.09
20	20	0.38	0.23	0.61	0.12	0.08	3.03	3.6	0.12
25	25	0.45	0.3	0.76	0.14	0.09	3.79	4.5	0.14
40	32	0.61	0.36	0.91	0.18	0.12	5.45	5.4	0.18
50	40	0.76	0.45	1.06	0.24	0.15	6.97	6.8	0.24
60	50	1.06	0.61	1.52	0.3	0.21	8.48	8.4	0.3
75	65	1.21	0.76	1.82	0.39	0.24	10	10.2	0.39
80	80	1.52	0.91	2.27	0.45	0.3	12.12	12	0.45
100	100	2.12	1.21	3.18	0.61	0.42	19.09	16.5	0.61
125	125	2.73	1.52	3.94	0.76	0.52	21.21	21	0.76
150	150	3.03	1.82	4.55	0.91	0.61	25.45	21	0.91
200	200							33	
250	250							43	

注記　1.仕切弁・玉形弁は、青銅鋳物製です。
　　　2.アングル弁・逆止弁は、50A以下青銅鋳物、65A以上鋳鉄製です。
　　　3.本表は、ステンレス協会編、建築用ステンレス配管マニュアル（p45）による。

●銅管

■配管摩擦抵抗線図

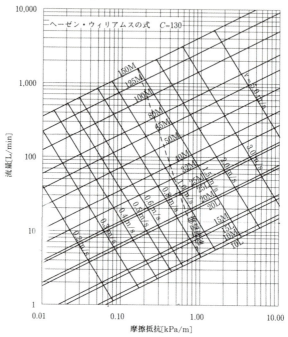

備考　使用区分
　　L：医療配管用
　　L、M：給排水、給湯、冷暖房、都市ガス用

■局部抵抗の相当長

(単位:m)

管径	90°エルボ	45°エルボ	チー(直流)
10	0.2	0.2	0.2
15	0.3	0.18	0.09
20	0.38	0.23	0.12
25	0.45	0.3	0.14
30	0.61	0.36	0.18
40	0.76	0.45	0.24
50	1.06	0.61	0.3
65	1.21	0.76	0.39
80	1.52	0.91	0.45

●硬質塩化ビニル管

■配管摩擦抵抗線図

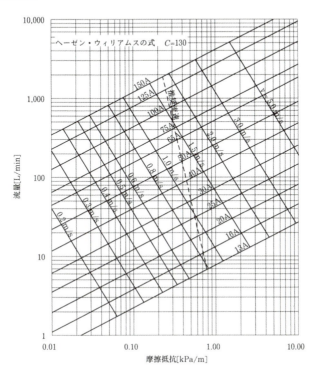

■局部抵抗の相当長

(単位:m)

管径	90°エルボ	90°ベンド	45°エルボ	チー・径違いソケット	チー(分流)
13	0.5				0.5
16	0.5				0.5
20	0.5				0.5
25	0.5				
30	0.8			1.0	1.8
40	0.8			1.0	1.8
50	1.2			1.5	2.7
75		1.5	0.8	2.0	2.0
100		2.0	1.0	3.0	3.0
125		3.0	1.5	5.0	5.0

注記　1. チー及び径違いソケットは、段落しされた側の呼び径とする。
　　　2. チー分流は、90°エルボにチー（直流）を加えたものとする。

●耐熱塩化ビニルライニング鋼管

■配管摩擦抵抗線図

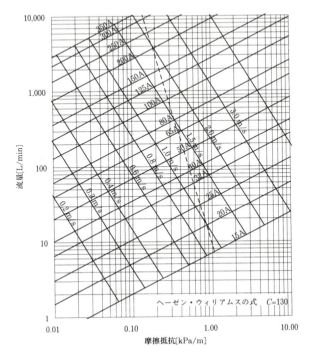

■局部抵抗の相当長

(単位:m)

呼び径 (mm)	90° エルボ	45° エルボ	90° T分流	90° T直流	仕切弁	玉弁	アングル弁	逆止弁 スイング型	逆止弁 衝撃吸収式	Y形 ストレーナー
15	1.6	0.8	1.8	0.6	14.2	4.5	2.4	14.2		4.25
20	1.8	0.9	2	0.6	4.2	6	3.6	4.9		3.22
25	2	1	2.2	0.5	2.4	7.5	4.5	2.9		3.38
32	2.2	1	2.5	0.5	3.2	10.5	5.4	3.8		5.52
40	2.5	1.2	2.8	0.6	2.5	13.5	6.6	2.7	4.2	6.25
50	2.8	1.3	3.1	0.6	2.1	16.5	8.4	5	3.8	6.64
65	2.8	1.5	4	0.7	0.48	19.5	10.2	4.6	3.8	11.45
80	3.3	1.8	5	0.8	0.63	24	12	5.7	4	14.11
100	4.2	2.3	6.8	1	0.81	37.5	16.5	7.6	2	21.62

注記　1. フート弁は、アングル弁と同じとする。
　　　2. ストレーナーは、スクリーン7メッシュ程度とする。
　　　3. ▨ は、管端防食機構付の値を示す。

●ポリエチレン管

■配管摩擦抵抗線図

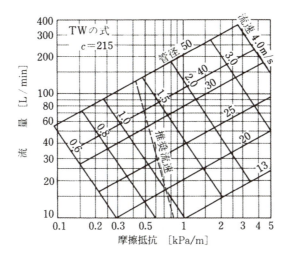

■局部抵抗の相当長

(単位:m)

呼び径 (A)	ソケット	エルボ	レジューサー	チーズ (直流)	チーズ (分流)
10	0.3	0.8	0.63	0.12	0.44
13	0.47	1.25	0.65	0.4	0.68
16	0.4	1.65	0.56	0.2	0.65
20	0.2	1.03	0.45	0.1	0.36
25	0.3	1.2	0.55	0.15	0.45

●配管用炭素鋼鋼管

■配管摩擦抵抗線図

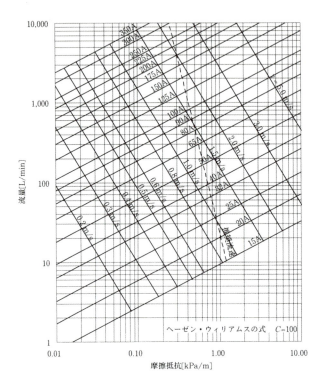

■局部抵抗の相当長

（単位:m）

呼び径(mm)	90°エルボ	45°エルボ	90°T分流	90°T直流	仕切弁	玉形弁	アングル弁	逆止弁スイング型	逆止弁衝撃吸収式	Y形ストレーナー
15	0.6	0.36	0.9	0.18	0.12	4.5	2.4	1.2		1.38
20	0.75	0.45	1.2	0.24	0.15	6	3.6	1.6		2.18
25	0.9	0.54	1.5	0.27	0.18	7.5	4.5	2		3
32	1.2	0.72	1.8	0.36	0.24	10.5	5.4	2.5		4.62
40	1.5	0.9	2.1	0.45	0.3	13.5	6.6	3.1	4.2	5.47
50	2.1	1.2	3	0.6	0.39	16.5	8.4	4	3.8	8
65	2.4	1.5	3.6	0.75	0.48	19.5	10.2	4.6	3.8	11.45
80	3	1.8	4.5	0.9	0.63	24	12	5.7	4	14.11
100	4.2	2.4	6.3	1.2	0.81	37.5	16.5	7.6	2	21.62
125	5.1	3	7.5	1.5	0.99	42	21	10	2	31.57
150	6	3.6	9	1.8	1.2	49.5	24	12	2	41.17
200	6.5	3.7	14	4	1.4	70	33	15	2.8	54.83
250	8	4.2	20	5	1.7	90	43	19	1.7	70.37

注記　1. フート弁は、アングル弁と同じとする。
　　　2. ストレーナーは、スクリーン7メッシュ程度とする。
　　　3. この表は、消火設備の配管には適用しない。

給湯量の算定

給湯単位による方法
【手順】
① 各器具別の給湯単位を求めます。(下表参照)
② 同時使用流量を求めます。(下図参照)　　「同時使用流量表」も参照。

給湯単位(給湯温度60℃)

(建築設備設計基準・同要領　平成14年版)

器具種類	建物種類						
	共同住宅	事務所	体育館	学校	独身寮	病院	ホテル・寄宿舎
洗面器(私用)	0.75	0.75	0.75	0.75	0.75	0.75	0.75
洗面器(公用)		1.0	1.0	1.0	1.0	1.0	1.0
洋風浴槽	1.5				1.5	1.5	1.5
皿洗い機	1.5			客席数250に対して5単位			
台所流し	0.75			0.75	1.5	3	1.5
配膳流し				2.5	2.5	2.5	2.5
掃除流し	1.5	2.5		2.5	2.5	2.5	2.5
シャワー	1.5	1.5	1.5	1.5	1.5	1.5	1.5

備考:体育館のようにシャワーを主体とする場合は、同時使用を100%とする。

同時使用流量線図

(建築設備設計基準・同要領　平成14年版)

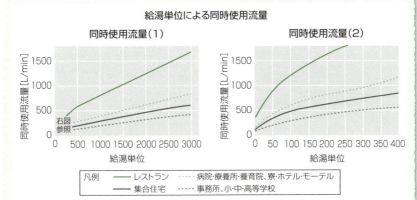

給湯単位による同時使用流量

凡例: ── レストラン　・・・・・ 病院・療養所・養育院、寮・ホテル・モーテル
　　　── 集合住宅　・・・・・ 事務所、小・中・高等学校

巻末資料

消火設備の種類と設置場所

消防設備の種類 防火対象物の別 （令別表第1）			屋内消火栓設備 令第11条		準物 危等 険
			一般	地階無窓階 または4階以上	
(1)	イ	劇場、映画館、演芸場	延面積500㎡以上 (1000)〔1500〕	床面積100㎡以上 (200)〔300〕	別表三の数量の七百五十倍以上の準危険物（一類、二類、五類）別表三の数量の七百五十倍以上の特殊可燃物
	ロ	公会堂、集会場			
(2)	イ	キャバレー、カフェ、ナイトクラブの類	700(1400)〔2100〕	150(300)〔450〕	
	ロ	遊技場、ダンスホール			
(3)	イ	待合、料理店の類	700(1400)〔2100〕	150(300)〔450〕	
	ロ	飲食店			
(4)		百貨店、マーケット、その他の物品販売業を営む店舗または展示場	700(1400)〔2100〕	150(300)〔450〕	
(5)	イ	旅館、ホテル、宿泊所	700(1400)〔2100〕	150(300)〔450〕	
	ロ	寄宿舎、下宿、共同住宅			
(6)	イ	病院、診療所、助産所	700(1400)〔2100〕 特定設定700 (1000)〔1000〕	150(300)〔450〕	
	ロ	特定施設＊1)、非特定施設			
	ハ	幼稚園、盲学校、聾学校、養護学校			
(7)		小学校、中学校、高等学校、大学、高等専門学校、各種学校	700(1400)〔2100〕	150(300)〔450〕	
(8)		図書館、博物館、美術館	700(1400)〔2100〕	150(300)〔450〕	
(9)	イ	ソープ・サウナ浴場の類	700(1400)〔2100〕	150(300)〔450〕	
	ロ	イに掲げる公衆浴場以外の公衆浴場			
(10)		車輌の停車場、船舶または航空機の発着場	700(1400)〔2100〕	150(300)〔450〕	
(11)		神社、寺院、教会の類	1000(2000)〔3000〕	200(400)〔600〕	
(12)	イ	工場、作業場	700(1400)〔2100〕	150(300)〔450〕	
	ロ	映画スタジオ、テレビスタジオ			
(13)	イ	自動車車庫、駐車場	700(1400)〔2100〕	150(300)〔450〕	
	ロ	飛行機またはヘリコプターの格納庫			
(14)		倉庫	700(1400)〔2100〕	150(300)〔450〕	
(15)		前各項に該当しない事業場	1000(2000)〔3000〕	200(400)〔600〕	
(16)	イ	複合用途防火対象物のうちその一部が(1)〜(4)、(5)項イ、(6)項イ又は(9)項イに掲げる防火対象物の用途に供されているもの。			
	ロ	イに掲げる複合用途防火対象物以外の複合用途防火対象物			
(16〜2)		地下街	150(300)〔450〕		
(16〜3)		準地下街／建築物の地階で連続して地下道に面して設けられたものと、当該地下道とを合わせたもので、特定用途の部分があるもの			
(17)		重要文化財、民族資料、史跡等の構造物			
(18)		延長50m以上のアーケード			
(19)		市町村長の指定する山林			
(20)		自治省令で定める舟車			

消防設備の種類 防火対象物の別 （令別表第1）			スプリンクラー設備（令第12条）				
			一般	地階・無窓階	4階以上10階以下	地上11階以上の建物	11階以上
(1)	イ	劇場、映画館、演芸場	床面積6000㎡以上 舞台部500㎡以上	1000㎡以上 舞台300㎡以上	1000㎡以上 舞台300㎡以上		
	ロ	公会堂、集会場					
(2)	イ	キャバレー、カフェ、ナイトクラブの類	平屋建以外で 床面積の合計 6000㎡以上	1000	1000		
	ロ	遊技場、ダンスホール					
(3)	イ	待合、料理店の類		1000	1500	全部	
	ロ	飲食店					
(4)		百貨店、マーケット、その他の物品 販売業を営む店舗または展示場	3000㎡以上 （平屋建以外）	1000	1000		
(5)	イ	旅館、ホテル、宿泊所	6000㎡以上	1000	1500		
	ロ	寄宿舎、下宿、共同住宅					
(6)	イ	病院、診療所、助産所	平屋建以外3000㎡以上 平屋建以外1000㎡以上 平屋建以外6000㎡以上	1000	1500	全部	
	ロ	特定施設*1）、非特定施設					
	ハ	幼稚園、盲学校、聾学校、養護学校					
(7)		小学校、中学校、高等学校、大学、 高等専門学校、各種学校					
(8)		図書館、博物館、美術館					
(9)	イ	ソープ・サウナ浴場の類	平屋建以外6000㎡以上	1000	1500	全部	全部
	ロ	イに掲げる公衆浴場以外の公衆浴場					
(10)		車輌の停車場、船舶または航空機の発着場					
(11)		神社、寺院、教会の類					
(12)	イ	工場、作業場					
	ロ	映画スタジオ、テレビスタジオ					
(13)	イ	自動車車庫、駐車場					
	ロ	飛行機またはヘリコプターの格納庫					
(14)		倉庫	ラック式倉庫で天井高10m以上、かつ延面積700(1400)(2100)㎡以上				
(15)		前各項に該当しない事業場					
(16)	イ	複合用途防火対象物のうちその一部が (1)～(4)、(5)項イ、(6)項または(9)項 イに掲げる防火対象物の用途に供されて いるもの。	特定部分の延 面積3000㎡ 以上で当該部分 の存ずる階	1000	1500 ただし、 特定施設は 1000		
	ロ	イに掲げる複合用途防火対象物以外の 複合用途防火対象物				全部	
(16~2)		地下街	延面積1000㎡以上				
(16~3)		準地下街／建築物の地階で連続して地下道に 面して設けられたものと、当該地下道とを合わ せたもので、特定用途の部分があるもの	延面積1000㎡ 以上でかつ特定用途に 供される部分の合計 床面積500㎡以上				
(17)		重要文化財、民族資料、史跡等の構造物					
(18)		延長50m以上のアーケード					
(19)		市町村長の指定する山林					
(20)		自治省令で定める舟車					

防火対象物の別 （令別表第1）		消防設備の種類	令第19条 屋外消火栓設備	令第28条の2 連結散水設備	令第29条 連結送水管
(1)	イ	劇場、映画館、演芸場	1. 1階または1階および2階の部分の床面積が、耐火建築物9000㎡以上、簡易耐火建築物6000㎡以上、その他は3000㎡以上のもの 2. 同一敷地内にある二以上の建築物（耐火および簡易耐火建築物をのぞく）で相互の外壁間の中心線からの距離が1階にあっては3.0m以下、2階にあっては5.0m以下である部分を有するものは1.の建築物とみなす。	地階の床面積の合計が700㎡以上	1. 地階をのぞく階数が7以上のもの 2. 地階をのぞく階数が5以上で、延面積が6000㎡以上のもの 3. 道路の用に供される部分を有するもの
	ロ	公会堂、集会場			
(2)	イ	キャバレー、カフェ、ナイトクラブの類			
	ロ	遊技場、ダンスホール			
(3)	イ	待合、料理店の類			
	ロ	飲食店			
(4)		百貨店、マーケット、その他の物品販売業を営む店舗または展示場			
(5)	イ	旅館、ホテル、宿泊所			
	ロ	寄宿舎、下宿、共同住宅			
(6)	イ	病院、診療所、助産所			
	ロ	特定施設＊1）、非特定施設			
	ハ	幼稚園、盲学校、聾学校、養護学校			
(7)		小学校、中学校、高等学校、大学、高等専門学校、各種学校			
(8)		図書館、博物館、美術館			
(9)	イ	ソープ・サウナ浴場の類			
	ロ	イに掲げる公衆浴場以外の公衆浴場			
(10)		車輌の停車場、船舶又は航空機の発着場			
(11)		神社、寺院、教会の類			
(12)	イ	工場、作業場			
	ロ	映画スタジオ、テレビスタジオ			
(13)	イ	自動車車庫、駐車場			
	ロ	飛行機またはヘリコプターの格納庫			
(14)		倉庫			
(15)		前各項に該当しない事業場			
(16)	イ	複合用途防火対象物のうちその一部が(1)～(4)、(5)項イ、(6)項または(9)項イに掲げる防火対象物の用途に供されているもの。			
	ロ	イに掲げる複合用途防火対象物以外の複合用途防火対象物			
(16~2)		地下街			延面積1000㎡以上
(16~3)		準地下街／建築物の地階で連続して地下道に面して設けられたものと、当該地下道とを合わせたもので、特定用途の部分があるもの		延面積700㎡以上	
(17)		重要文化財、民族資料、史跡等の構造物			
(18)		延長50m以上のアーケード			全部
(19)		市町村長の指定する山林			
(20)		自治省令で定める舟車			

適用消火設備 令第13条〜18条

適用場所		消火設備 スプリンクラー	水噴霧	泡	二酸化炭素	粉末
飛行機、または回転翼航空機の格納庫				○		○
屋上部分で回転翼航空機、垂直離着陸航空機の発着場				○		○
自動車の修理、または整備に供される部分	地階、2階以上　200㎡			○	○	○
	1階　500㎡			○	○	○
駐車の用に供される部分	地階または2階以上　200㎡		○	○	○	○
	1階　500㎡		○	○	○	○
	屋上部分　300㎡		○	○	○	○
	立体駐車場収容台数10以上		○	○	○	○
発電機、変圧器等の電気設備室　200㎡					○	○
鍛造場、ボイラ室、乾燥室等多量の火気使用部分 200㎡					○	○
通信機器室500㎡					○	○
「準危険物」・「特殊可燃物」を貯蔵し取り扱う部分	第1類、第2類「準危険物」	○	○	○		○
	第4類「準危険物」		○	○	○	○
	第5類「準危険物」	○	○			
	綿花類、木毛、鉋屑、紙屑、糸類、わら類、ゴム類	○	○	○	○	
	石炭、木炭		○	○		
	木材加工品、木くず	○	○	○		
	合成樹脂	○	○	○		○
	上記以外の特殊可燃物		○	○	○	

巻末資料

消火設備の種類	非常電源の種別	容量
屋内消火栓設備 屋外消火栓設備 水噴霧消火設備 スプリンクラ設備 泡消火設備	非常電源専用受電設備（ただし、延面積が1000㎡以上の特定防火対象物および特定防火対象物をのぞく、地階を除く階数が11以上で延面積が3000㎡以上または地階をのぞく階数が7以上で延面積が6000㎡以上の防火対象物はのぞく） 自家発電設備または蓄電池設備	30分以上
二酸化炭素消火粉末消火設備	自家発電設備または蓄電池設備	60分以上
自動火災報知設備 非常警報設備 （非常ベル、自動式サイレン、放送設備）	非常電源専用受電設備（ただし、延面積が1000㎡以上の特定防火対象物をのぞく）、または蓄電池設備	10分以上
ガス漏れ 火災警報設備	自家発電設備（2回線を1分間有効に作動させ、同時にその他の回路を1分間監視状態にすることができる容量以上の容量を有する予備電源または蓄電池設備を設ける場合に限る。）または、蓄電池設備	10分以上
誘導灯	蓄電池設備	20分以上
排煙設備	非常電源専用受電設備（ただし、延面積が1000㎡以上の特定防火対象物および特定防火対象物をのぞく、地階をのぞく階数が11以上で延面積が3000㎡以上または地階をのぞく階数が7以上で延面積が6000㎡以上の防火対象物はのぞく） 自家発電設備または蓄電池設備	30分以上
連結送水管の加圧送水装置	自家発電設備または蓄電池設備	120分以上
非常コンセント設備	非常電源専用受電設備（ただし、延面積が1000㎡以上の特定防火対象物および特定防火対象物をのぞく、地階をのぞく階数が11以上で延面積が3000㎡以上または地階をのぞく階数が7以上で延面積が6000㎡以上の防火対象物はのぞく） 自家発電設備または蓄電池設備	30分以上
無線通信補助設備	蓄電池設備	30分以上

	各設備 \ 非常電源の種類	非常電源専用受電設備	自家発電設備	誘導灯
1	屋内消火栓／スプリンクラー／泡・排煙	○	○	○
2	不活性ガス／ハロゲン化物／粉末	×	○	○
3	自動火災報知／非常警報／無線通信補助	○	×	○
4	誘導灯	×	×	○

ただし、特定防火対象物で延べ面積が1000㎡以上の建物に1、3を設備する場合、非常電源専用受電設備は認められない。

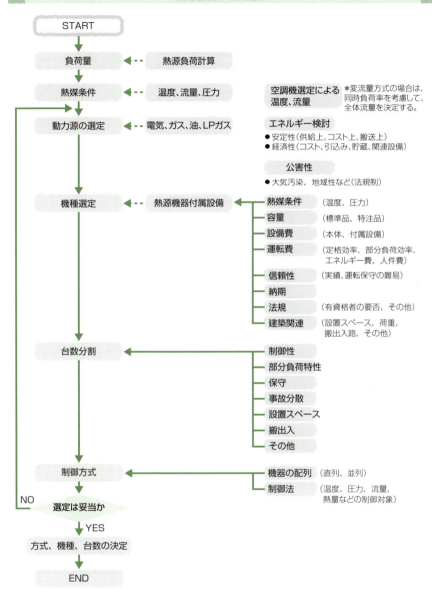

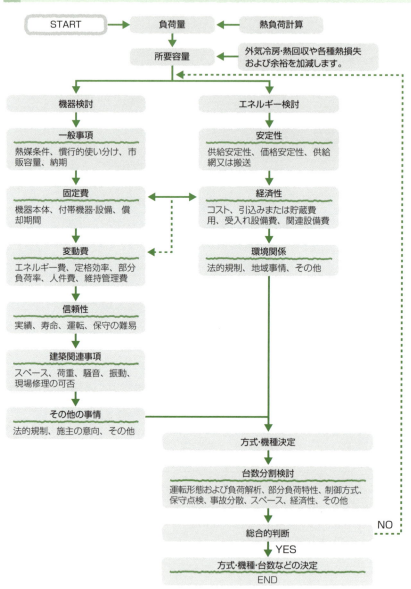

ダクト設備の設計手順

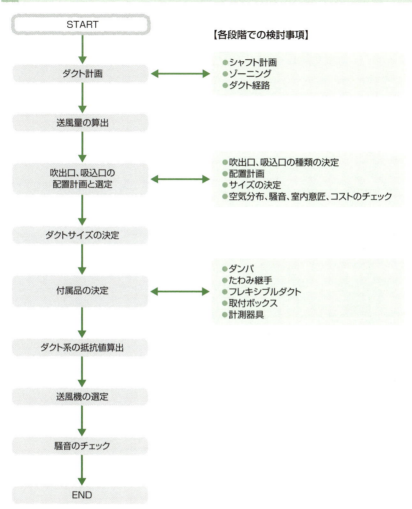

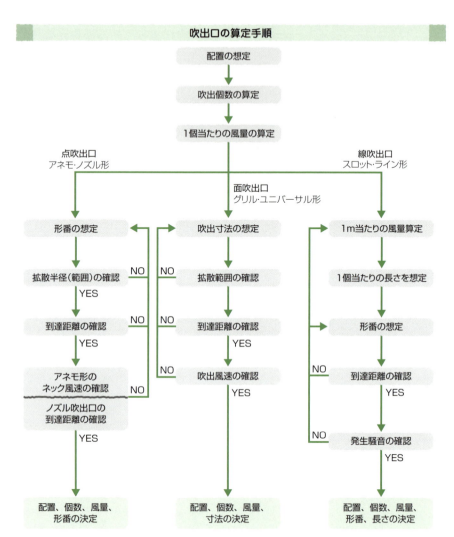

日本工業規格（JIS）による照度基準

●事務所

照度(lx)	場所（注1）	作業
2000 1500 1000 750	事務局(a)注2、営業室、設計室、製図室、玄関ホール(昼間)注3	○設計 ○製図 ○タイプ ○計算 ○キーパンチ
500 300	事務室(b)、役員室、会議室、印刷室、電話交換室、電子計算機室、制御室、診察室 ○電気室、機械室などの配電盤、計器盤　○受付	
200	集会室、応接室、待合室、食堂、調理室、娯楽室、修養室、守衛室、玄関ホール(夜間)、エレベータホール	書庫、金庫室、電気室、講堂、機械室、エレベータ、雑作業室
150		洗場、湯沸室、浴室、廊下、階段、洗面所、便所
100 75	喫茶室、休養室、宿直室、更衣室、倉庫、玄関(車寄せ)	
50 30	屋内非常階段	

注1　屋内駐車場については別に定める。
注2　事務室は細かい視作業をともなう場合および昼光の影響により窓外が明るく室内が暗く感ずる場合は(a)を選ぶことが望ましい。
注3　玄関ホールでは昼間の屋外自然光による数万lxの照度に目が順応していると、ホール内部が暗く見えるので、照度を高くすることが望ましい。なお、玄関ホール(夜間)と(昼間)は段階点滅で調節してもよい。

●工場

照度(lx)	場所（注1）	作業
3000 2000 1500	○制御室などの計器盤、制御盤	精密機械、電子部品の製造、印刷工業での極めて細かい視作業。 ○組立a、○検査a、○試験a、○選別a、○設計、○製図
1000 750	設計室、製図室	繊維工業での選別、検査、印刷工業での植字、校正、化学工業での分析など細かい視作業。 ○組立b、○検査b、○試験b、○選別b
500 300	制御室	一般の製造工程などでの普通の視作業。 ○組立c、○検査c、○試験c、○選別c、○包装a、○倉庫内の事務
200 150	電気室、空調機械室	粗な視作業 ○限定された作業、○包装b、○荷造a
100 75	出入口、廊下、通路、階段、洗面所、便所、作業を伴う倉庫	ごく粗な視作業。 ○限定された作業、○包装c、○荷造b、c
50 30	屋内非常階段、倉庫、屋外動力設備	○荷積み、荷降ろし、荷の移動などの作業
20 10	屋外（通路、構内警備用）	

注1　同種作業名について、見る対象物および作業の性質に応じ、次の3つに分ける。
　①表中のaは、細かいもの、暗色のもの、対比の弱いもの、特に高価なもの、衛生に関係ある場合、精度の高いことを要求される場合、作業時間の長い場合などを表す。
　②表中のbは、①と③の中間のものを表す。
　③表中のcは、粗いもの、明色のもの、対比の強いもの、がんじょうなもの、さほど高価でないものを表す。
注2　危険作業のときは2倍の照度とする。

●病院

照度(lx)	場所(注1)	作業
10000		
7500	視機能検査室(眼科明室)(4)	
5000		
3000		
2000		
1500		
1000	手術室(5)	○剖検、○分べん介助 ○救急処置、○視診 ○注射、○製剤、調剤 ○技工、○検査、○窓口事務
750		
500	診察室、処置室、救急室、分べん室、院長室、医局、研究室、会議室、看護婦室、薬局、製剤室、調剤室、剖検室、病理細菌検査室、図書室、事務室、玄関ホール	○包帯交換(病室) ○ギプス着脱
300		食堂、配ぜん室、一般検査室(血液・尿・便などの検査)、生理検査室(脳波・心電図・視力などの検査)、技工室、中央材料室、アイソトープ室	
200	育児室、記録室、待合室、面会室、外来の廊下	○ベッドの読書
150		病室、X線室、(撮影・操作・読影など)、物療室、温浴室、運動機械室、聴力検査室、滅菌室、薬品倉庫	
100	麻酔室、回復室、霊安室、更衣室、浴室、洗面所、便所、汚物室、洗濯室、カルテ室、宿直室、階段	
75		内視鏡検査室(6)、X線透視室(6)、眼科暗室(6)、車寄せ、病とう(棟)の廊下	
50	動物室、暗室(写真など)非常階段	
30		
20		
10		
5		
2		
1	深夜の病室および廊下(7)	

注1 手術の照度は、手術台上直径30cmの範囲において無影灯により20000lxとする。
注2 0lxまで調光できるものとする。
注3 足元灯などによる。
備考:診療所の照度は、病院に準ずるものとする。

索 引
INDEX

記号・数字

Ω（オーム） ･･････････････････ 187
1m³ 当たりの発熱量 ･････････････ 106
1 回線受電方式 ･･････････････････ 217
1 管式 ･････････････････････････ 62
2 回線受電方式 ･･････････････････ 217
2 管式 ･････････････････････････ 62

A

A（アンペア） ･････････････････ 187
A 火災 ･･･････････････････････ 112

B

BOD ･･････････････････････････ 104
BOD 除去率 ････････････････････ 104
B 火災 ･･･････････････････････ 112

C

C 火災 ･･･････････････････････ 112

D

D 火災 ･･･････････････････････ 112

F

FRP ･･････････････････････････ 104

J

JIS 照度基準 ･･････････････････ 203

L

LED（発光ダイオード） ･････････ 200
LP ガス ･･････････････････････ 108

M

mA（ミリアンペア） ････････････ 187
mV（ミリボルト） ･････････････ 187

P

pH ････････････････････････････ 105

S

SS ････････････････････････････ 105

V

V（ボルト） ･･････････････････ 187

あ行

圧力水槽方式 ････････････････････ 43
アルゴン溶接 ････････････････････ 66
泡消火設備 ････････････････････ 117
アンビエント空調 ･･････････････ 136
アンペア契約 ･･････････････････ 192
アンペアブレーカー ････････････ 192

269

一過式	162
色温度	202
インターホン設備	227
インテリア空調	136
インバータ	213
雨水	68
雨水系統	69
雨水処理	88
雨水配管	88
エアハンドリングユニット	138
衛生器具概要	90
エスカレータ設備	244
エレベータ設備	242
演色性	200, 202
オイルタンク	167
オームの法則	189
屋外受変電設備	216
屋外消火栓設備	117
屋外排水ます	72
屋内受変電設備	216
屋内消火栓設備	115
屋内電路の対地電圧の制限	189
汚水	68
汚水系統	68
オゾン層破壊	134

■ か行

潰食	66
開発途上国の公害問題	135

開放型受変電設備	217
開放式	162
海洋汚染	135
架橋ポリエチレン管	66
拡声設備	232
角ダクト	148
ガス火災	112
ガス給湯器	60
ガス漏れ火災警報設備	239
加熱コイル付貯湯槽	60
加熱コイルなし貯湯槽	60
乾き空気	124
換気回数	171
乾球温度	122
換気量	110, 170
管均等表	50
監視制御設備	222
間接排水系統	70
幹線設備	214
感知器	237
管摩擦抵抗線図	50
機械設備工事共通仕様書	66
機械排煙方式	178
器具排水負荷単位	72
器具排水負荷単位法	82
輝度	202
逆還水法	163
給気口	176, 177
給水設備	42

吸着式	147
給湯往管	62
給湯温度	56
給湯使用量	56
給湯による火傷	56
給排水衛生設備	26
強制給気タイプ（給気用換気扇）	176
局所式給湯	58
許容吹出風速	152
キルヒホッフの法則	189
均等拡散面	203
空気清浄装置設置基準	146
空気調和・衛生設備工事標準仕様書	66
空気と水の熱搬送力の比較	127
空気量	110
グレア	203
クロスコネクション	53
計数法	146
契約アンペア	192
ケーブル	196
下水道	14
結合通気管	70
建築基準法	172
現地調査	36
顕熱	128
高圧	188
高圧幹線	214
高圧受変電設備	217
高置水槽方式	43
工業用空調	31
光源	200
光束	202
光束発散度	203
光度	202
合併浄化槽	102
合併処理浄化槽	102
合流式下水道	15
高齢者用建築設備	100

さ行

雑排水	68
雑排水系統	69
砂漠化	134
酸性雨	134
シーケンス制御	223
敷地調査	36
自己サイホン作用	79
事故電流（漏電）	191
自然給気タイプ	176
自然排煙方式	178
湿球温度	122
シックハウス	172
自動火災報知設備	236
自動制御設備	126
し尿浄化槽	102
湿り空気線図	123
周波数	191
受信機	236

受水槽方式	42
受変電設備	216
受雷部	240
循環式	62, 162
循環ポンプ	62
消火器	114
上水道	12
使用水量	44
照度	202
照度分布	203
蒸発	79
情報・通信設備	224
照明設備	200
所轄官公庁との協議	36
真空式温水器	60
伸縮継手	66
伸頂通気管	70
水質管理目標設定項目（27項目）	13
水質基準項目（50項目）	13
吸い出し作用	79
水道水	12
水道直結増圧方式	42
水道直結方式	42
水封式トラップ	77
ステンレス鋼鋼管	66
スプリンクラー設備	116
スポットネットワーク受電方式	217
生活排水	102
静電式	147

石油給湯器	60
絶縁電線	196
設計用給水量	46
絶対湿度	122
接地（アース）	191, 206
接着接合	55
設備構成	126
全水方式	127
潜熱	128
相対湿度	122
装置蓄熱負荷	131
相当長の概算値	158
層流	148

■た行

耐熱用硬質塩化ビニル管	66
耐熱用硬質塩化ビニルライニング鋼管	66
太陽熱温水器	61
ダクト	148, 157
タスク空調	136
建物用途別の給水量	46
ダブルトラップ	81
ダムウェータ	244
単管式	62
単相3線式	188
単独処理浄化槽	102
ダンパ	156
地球温暖化	134
蓄電池設備	221

中央式給湯（セントラル給湯）	58	特別高圧幹線	214
直接還水法	162	特別高圧受変電設備	217
貯湯式湯沸器	61	都市インフラの調査	36
通気管	82	都市ガス	16, 106
通気口金物	70	吐水口空間	53
通気立管	70	トラップ	77
低圧	188	ドレン配管	166
低圧幹線	214		
定圧法	157		

な行

流れを相似（レイノルズ数相似）	125
逃し通気管	70
二酸化炭素消火設備	117
日本の水道普及率	12
ねじ接合	55
熱源機器容量	130
熱源方式	134
熱帯雨林の減少	135
熱搬送設備	126
熱負荷計算	128
熱併給発電設備（コージェネレーション）	220
燃焼速度	106
粘着式	147

低位排水系統	70
抵抗計算	158
定風量（CAV）方式	127
適正器具数	91
電圧	186, 190
電圧降下	189
電気温水器	60
電気時計設備	233
電線	196
電灯幹線	214
電流	186
電話設備	226
銅管	66
灯油配管	167
動力幹線	214
動力設備	212
特殊消火設備	117
特殊排水	68
特殊用幹線	214
特別高圧	188

は行

排煙設備	178
排ガス	110
配管の膨張	66
配光	203

排水横枝管	70, 72	フィードバック制御	223
排水横主管	70	封水	78
排水管径決定の基本原則	72	封水強度	79
排水管用継手	86	封水切れ	78
排水の種類	68	封水深	78
排水配管	86	不快指数	23
排水用継手	86	吹出口	151
排水立管	70, 72	フランジ接合	55
配線	199	プロパンガス	16
バキュームブレーカ付洗浄弁	53	分岐風道	158
パッケージ形空調機	140	粉末消火設備	117
はね出し作用	79	分流式下水道	15
破封	79	閉鎖型・開放型併用受変電設備	217
バリアフリー	100	閉鎖型受変電設備	217
ハロゲン化物消火設備	117	ヘッダ方式	62
ヒートポンプ	61	ペリメータ空調	136
比エンタルピ	123	変風量（VAV）方式	127
非常コンセント設備	239	ボイル・シャルルの法則 PV=mRT	125
非常電源装置	238	防煙区画	178
非常用照明装置	238	防火関連設備	238
非常用防災電源	238	防火区画	178
比色法	146	防災センター	239
必要換気量	170, 174	放射スペクトル	202
必要器具数	91	防犯監視盤	230
表示設備	232	防犯設備	230
避雷設備	240	飽和度	123
ビル衛生管理法	146	保温厚さ	66
ファンコイルユニット	142	保健用空調	31
ファンコンベクター	142	ポリブデン管	66

ポンプ直送方式・・・・・・・・・・・・・・・・・・・ 43
ポンプ負荷・・・・・・・・・・・・・・・・・・・・・・・ 131

■ま行

丸ダクト・・・・・・・・・・・・・・・・・・・・・・・・ 148
マルチ形・・・・・・・・・・・・・・・・・・・・・・・・ 165
水―空気方式・・・・・・・・・・・・・・・・・・・・ 127
水の機能・・・・・・・・・・・・・・・・・・・・・・・・ 20
水噴霧消火設備・・・・・・・・・・・・・・・・・・ 117
密閉式・・・・・・・・・・・・・・・・・・・・・・・・・ 162
密閉式膨張タンク・・・・・・・・・・・・・・・・ 162
無圧式温水器・・・・・・・・・・・・・・・・・・・・ 60
メカニカル接合・・・・・・・・・・・・・・・・・・ 55
毛管現象・・・・・・・・・・・・・・・・・・・・・・・・ 79

■や行

野生生物の絶滅・・・・・・・・・・・・・・・・・・ 135
有害廃棄物の越境移動・・・・・・・・・・・・ 135
湧水系統・・・・・・・・・・・・・・・・・・・・・・・ 69
要検討項目（44項目）・・・・・・・・・・・・ 13
溶接接合・・・・・・・・・・・・・・・・・・・・・・・ 55
横引き排水管・・・・・・・・・・・・・・・・・・・・ 86
予想使用水量・・・・・・・・・・・・・・・・・・・・ 44
予備電源設備・・・・・・・・・・・・・・・・・・・・ 218

■ら行

ランプ効率・・・・・・・・・・・・・・・・・・・・・ 203
乱流・・・・・・・・・・・・・・・・・・・・・・・・・・ 148
ループ通気管・・・・・・・・・・・・・・・・・・・・ 70
ルーフドレン・・・・・・・・・・・・・・・・・・・・ 88
レイノズル数・・・・・・・・・・・・・・・・・・・・ 149
冷媒配管・・・・・・・・・・・・・・・・・・・・・・・ 164
冷媒方式・・・・・・・・・・・・・・・・・・・・・・・ 127
漏電火災警報器・・・・・・・・・・・・・・・・・・ 239
漏電ブレーカー・・・・・・・・・・・・・・・・・・ 191
ろ過式・・・・・・・・・・・・・・・・・・・・・・・・・ 147

参考文献

『空気調和衛生工学便覧』、社団法人空気調和衛生工学会
『空調・給排水の大百科』、社団法人空気調和衛生工学会
『建築設備設計基準』、国土交通省大臣官房官庁営繕部設備・環境課
『建築設備の知識』、社団法人建築設備技術者協会
『新人教育 電気設備』、社団法人日本電設工業協会
『ガス機器の設置基準及び実務指針』、財団法人日本ガス機器検査協会
『くうき・みず・でんき』、社団法人建築設備技術者協会

著者プロフィール

土井　巖（どい　いわお）
(有)巖技術研究所　代表取締役、建築設備士、建築設備検査資格者
1947年生、茨城県出身。1970年3月 専修大学商学部卒業、1965年4月 株式会社相和技術研究所 技術部入社、1969年3月退社。同年4月 巖技術研究所設立、1970年4月 有限会社巖技術研究所成立。現在に至る。
建築設備設計事務所の経営のかたわら、1981年～1983年 YMCA一級建築士受験講座・設備担当講師、1989年4月～1996年3月 青山設計製図専門学校 建築設備科 講師を勤める。
1996年～2004年 東京都設備設計事務所協会・理事
1997年～1999年 社団法人日本設備設計事務所協会・理事
1999年～2008年 社団法人日本設備設計事務所協会・事業委員長
1997年～2008年 建築設備士試験受験準備講習委員会・委員長も歴任。

【著書・その他】
初級給排水衛生設備設計マニュアル・主査（東京都設備設計事務所協会編、丸善）
初級空気調和設備設計マニュアル・主査（東京都設備設計事務所協会編、丸善）
初級電気設備設計マニュアル・主査（東京都設備設計事務所協会編、丸善）
KHP設計マニュアル・編纂委員長（石油連盟共著）
床暖房設備設計マニュアル・編纂委員長（床暖房施工協会共著）
KHP設計・施工マニュアル（共著、エクスナレッジ発行）
設備計算ソフト「インカル」開発・制作、
現在は「スリーエスSSS」（ファインジャパン販売）
1997年9月号～月刊「コア」実務講座連載中　日本設備工業新聞社発行
その他、水槽診断士認定講習会、マンション維持管理士受験講座の講師など歴任。

本文イラスト：張野真弓

図解入門 よくわかる
最新 建築設備の基本と仕組み[第2版]

発行日	2019年 3月10日	第1版第1刷
	2023年 4月20日	第1版第3刷

著　者　土井　巖

発行者　斉藤　和邦
発行所　株式会社　秀和システム
　　　　〒135-0016
　　　　東京都江東区東陽2-4-2　新宮ビル2F
　　　　Tel 03-6264-3105（販売）　Fax 03-6264-3094
印刷所　三松堂印刷株式会社　　　　Printed in Japan
ISBN978-4-7980-5758-3 C3052

定価はカバーに表示してあります。
乱丁本・落丁本はお取りかえいたします。
本書に関するご質問については、ご質問の内容と住所、氏名、電話番号を明記のうえ、当社編集部宛FAXまたは書面にてお送りください。お電話によるご質問は受け付けておりませんのであらかじめご了承ください。